丝绸之路历险记

7

巴米扬的哭泣

曾桂香 乔 冰 文　　纸上魔方 图

中原出版传媒集团
中原传媒股份公司

海燕出版社

图书在版编目(CIP)数据

丝绸之路历险记.7/曾桂香,乔冰文:纸上魔方图.—郑州:海燕出版社,
2018.9

ISBN 978-7-5350-7488-1

Ⅰ.①丝…　Ⅱ.①曾…　②乔…　③纸…　Ⅲ.①丝绸之路-少儿读物
Ⅳ.①K928.6-49

中国版本图书馆CIP数据核字(2018)第013765号

选题策划:	张满弓	责任校对:	刘学武
责任编辑:	李玉凤	责任印制:	邢宏洲
美术编辑:	李岚岚	责任发行:	贾伍民

出版发行: **海燕出版社**
　　　　　　(郑州市北林路16号　邮政编码450008)
发行热线:　0371-65734522
经　　销:　全国新华书店
印　　刷:　深圳市富达泰包装印刷有限公司
开　　本:　16开(700毫米×1000毫米)
印　　张:　9
字　　数:　180千
版　　次:　2018年9月第1版
印　　次:　2018年9月第1次印刷
定　　价:　29.80元

本书如有印装质量问题,由承印厂负责调换。
(本书少量文字有演绎成分。)

主要角色介绍

戈丁

一个10岁的男孩，有主见和梦想，充满好奇心，爱冒险，一心想成为大旅行家。

甘博士

地理学家、学者，聪明睿智，风趣幽默，善于激发别人的灵感。

甘兰兰

　　一个10岁的女孩，甘博士的侄女，爱读书，知识丰富，善解人意。

白默

　　某考古学院的在读研究生，典型的刀子嘴豆腐心，对考古研究很感兴趣，有一定的学识。

飞天猫

　　甘博士的神奇发明，能在空中悬浮、飞行，是一个能和人进行智能对话的全息影像投影仪。

专家荐言

　　丝绸之路是一条以丝绸为主要货物进行买卖的商路，它包括陆地丝绸之路和海上丝绸之路。本套书中提到的，是一条古老的、跨越时空的陆地丝绸之路。

　　近年来，随着国内外"丝绸之路热"的兴起以及我国"一带一路"经济大战略的实施，介绍丝绸之路名胜古迹、风土人情等的书刊很多。不过，像本套书这样以游历、探险的形式，图文并茂地表现丝绸之路人文历史地理风貌的几乎没有。本套书中几个主人公的游历、探险以古长安之地为起点，向东延伸至中原地带，向西沿古丝绸之路直达土耳其入海处止，详述了古丝绸之路沿线的风土人情、人文历史、地理知识等内容，从侧面表现出东西方世界互相探求的过程。跟随本套书中的主人公重走古丝绸之路，我们会发现，从中国壮丽的西北边陲，一直到尘沙漫天的中亚，分布着很多融多种风貌为一体的城镇及其他遗迹，其中包括美学殿堂敦煌莫高窟、荟萃奇珍异宝的交通枢纽撒马尔罕。它们宛若一颗颗璀璨的明珠，散落在世界文明史的雄伟画卷中。而将颗颗明珠穿成一条瑰丽珠链的，便是闻名遐迩的丝绸之路。在这条路上，曾进行过繁盛的经济活动，而这必然导致不同文化的交流、融合、再造，世界文明之花也因此竞相争妍，结出累累硕果。

　　在全球一体化的今天，网络早已替代了骡马，信息传递也超越了时空，循着古人踏出的坚实道路，今天的我们依然要继续书写历史的华章。

北京大学数学科学学院教授
百家讲坛讲师

张顺燕

目录

甘博士一行离开位于哈萨克斯坦西南部的古城讹答剌，抵达他们在乌兹别克斯坦的第一站塔什干。塔什干是乌兹别克斯坦的首都，也是全国第一大城市。

　　正是瓜果上市的季节，五颜六色的水果摆满街头，到处都飘着诱人的香气，馋得戈丁直流口水。

我国的很多水果和蔬菜都是通过丝绸之路引入的，比如这石榴。

啊？真的假的？

　　白默得意地说："你以后要向我学习，做个有文化的吃货。石榴原来叫安石榴，原产地就是乌兹别克斯坦。"

　　看到戈丁崇拜的目光，白默颇为受用地挺起胸膛，滔滔不绝地讲了起来。他说安石榴原产自安国和石国，安国就是现在乌兹别克斯坦的布哈拉，石国就是塔什干。由于张骞是从安国、石国带回的石榴种子，所以石榴的别名又叫安石榴。

原来如此。白默哥哥，你是我的偶像。

一个木雕艺人引起了甘博士的注意。这名乌兹别克族的工匠用杨木或榆木做材料，在上面精雕细琢出充满浓郁的民族风情的图案，色泽自然，造型古朴。

甘兰兰的目光则落在一群正在刺绣的女子身上。她们正在飞针走线，用各种针法熟练地在丝绸和棉布上绣出各种图案。

甘兰兰好奇地打量着那些图案。

这个是有我国风格的，那个是有乌兹别克斯坦风格的，而另外这个很像波斯风格……叔叔，我说得对不对？

没错。这里位于丝绸之路中段，来自世界各地的文化在此交流融合，对乌兹别克斯坦影响深远。

博士，我们能不能先填饱肚子再讨论？

戈丁亲昵地碰了碰白默，说："我同意。对了，刚才飞天猫和我一起兑换了一些乌兹别克斯坦的钱币……"

白默高兴地说："你想得真周到！看来跟我一起久了，智商有了显著提高。"

不远处一家餐馆的老板欣喜地迎了出来，看着远道而来的一行人说："你们是从中国来的？千杏园不久前还出土过很多中国钱币呢。"

千杏园？好中国化的名字！

那是塔什干城中心地带被保留至今的一处古丝绸之路的遗址。

一行人进入这家餐馆就餐。餐馆里摆放着各种各样精美的餐具，甘兰兰端起一个盘子，爱不释手地把玩起来。整个盘子布满颇具民族特色的花纹，精美而独特。

> 好多漂亮的盘子啊！

> 我们乌兹别克斯坦人特别注重餐具的精美，用不同花纹的餐具盛放不同的食物。

白默赞不绝口："讲究，太讲究了！与其说我期待上菜，不如说我期待盛菜的美丽盘子。"

戈丁拿起一个烤得香喷喷的馕，馋涎欲滴，他说："我要把它翻过来，看看反面烤得怎么样。"

> 嘘……不能把它翻过来！乌兹别克人把馕看得很神圣。

美食来了，有烤羊肉丁包子、烤羊肉串、羊肉汤、抓饭。这餐中四宝你们一定不能错过，在我们的国宴上它们也不可或缺。

白默虽然很饿，但还是很注意餐桌上的礼仪。甘兰兰的吃相比较斯文，不过可以看出她很是享受这些美味。

好吃，太好吃了！怎么做出来的？

饭店老板介绍说，他们做的精品抓饭要选用黄色的胡萝卜，用羊尾巴油把生米焖（一种利用蒸汽使密闭容器中的食物变熟的烹调方法）成八九成熟，再和精心烤制出来的羊脊骨肉一起拌匀……

大家撑到再也吃不下的时候才停了下来，戈丁把换好的乌兹别克斯坦纸币交给白默，让他买单。

白默看着手里的纸币，表现出快要崩溃的样子，大声说："戈丁，苏姆最大的面值为1000，你为什么换来的全是100的？"

> 对不起啊，我还以为乌兹别克斯坦的钱跟咱们国家的一样，最大是100元的。

老板掰着手指，念念有词地计算起来。如果按1苏姆＝0.0008元来计算，这顿饭总计花了38万多苏姆，折合人民币300多元。现在他们手头只有100面值的苏姆，那得数到什么时候呀！

> 戈丁，你快来帮我数！

"我们继续游逛，你慢慢数，不着急……"戈丁"体贴"地抛下这句话后，一溜烟地跑了，很快就不见了踪影。白默求助地看向甘兰兰，甘兰兰不忍心地转身，嘀咕着她很忙，因为她要去看地铁——塔什干可是中亚少有的有地铁的城市之一。

关键时刻都靠不住，唉！

　　甘博士深表同情地拍拍白默的肩膀，说他们打算去参观在地震中幸免于难的哈兹拉提伊玛目清真寺，等白默数完了苏姆，就前去那里会合。

喂，你们等等我呀！

甘博士、戈丁、甘兰兰从新城区帖木儿的雕像前经过，感受着塔什干的异族风情。帖木儿目光炯炯，看着来来往往的人。地铁口那些雕刻精致的梁柱，显示着这座中亚大都市的繁华。

　　在帖木儿博物馆前，甘兰兰略带遗憾地环顾四周说："这些都是地震后重建的吧？可惜，我们无法领略当年中亚帝国的旧貌了。"

　　"谁说不能？"甘博士耸耸肩说，"我们现在就去老城区参观哈兹拉提伊玛目清真寺。"

对呀，我怎么把它给忘了？

甘兰兰没有进哈兹拉提伊玛目清真寺内，她仰视着两边高耸的宣礼塔，感受着塔什干最著名、规模最大的清真寺的魅力。

哈兹拉提伊玛目清真寺里，甘博士庄重地凝视着一本经书。

戈丁，你看，这本书就是世界上最古老的《古兰经》。

戈丁眼神复杂地凝视着眼前这本伊斯兰世界最珍贵的经典，思绪翻滚。突然，一个跌跌撞撞的身影在此时跑了进来，原来是白默。

嗨，好久不见……呜呜呜，我总算数完苏姆，赶上你们了！

来自异域的水果和蔬菜

很多我们现在已经随处可见的蔬菜和水果，其实并非原产自我国。以很多人爱吃的茄子为例，它原产于印度和泰国，在汉代时通过丝绸之路传入我国。

魏晋南北朝时，原产自印度的黄瓜和扁豆逐渐出现在中原人的餐桌上，来自尼泊尔的菠菜种子及其种植技术也传到了我国。宋元以后，胡萝卜种子及其种植技术也从波斯经过丝绸之路传入我国。

石榴原产于西域，是西汉时张骞从名为安国的布哈拉和名为石国的塔什干带回来的，所以被人们形象地取名为安石榴。

除了蔬菜和水果，来自西域的调料和油料也数不胜数。芝麻是张骞从大宛带回的，大蒜（原名为胡蒜）也是由张骞从西域带回来的。跟它们一起传入中原的还有芫荽（也就是香菜）的种子及其种植技术。

乌兹别克斯坦的民族英雄——帖木儿

骁勇善战的帖木儿是乌兹别克斯坦的民族英雄，他以气吞万里之势，先后占领伊朗、阿富汗、花剌子模，又深入高加索和印度，击败了当时的奥斯曼土耳其……

1996年是帖木儿诞生660周年，乌兹别克斯坦将这一年定为帖木儿年，并于这年3月建立国立帖木儿家族史博物馆。同年10月18日，国立帖木儿家族史博物馆正式开馆。其建筑为伊斯兰风格，造型独特，有蓝色圆顶，典雅气派。

该博物馆内约有4000件展品，包括帖木儿时期的一些手稿、钱币、陶器、珠宝以及其他实物资料，还有对帖木儿及其家族的介绍等。穆斯林的圣经《古兰经》摆放在博物馆大厅的中央。

新旧交替的塔什干

1966年发生的那场大地震使塔什干不得不迁移到新址。原址和新址变成塔什干的老城和新城两部分。它们相距只有约10千米，几乎连成一片。在地震中没有被完全毁坏的古迹多位于老城区，大都为15、16世纪的宗教建筑和陵墓，如巴拉克汗神学院、哈兹拉提伊玛目清真寺、千杏园等。

哈兹拉提伊玛目清真寺中珍藏着世界上最古老的《古兰经》——7世纪的《古兰经》奥斯曼定本，是由帖木儿从叙利亚的大马士革带回来的。

而千杏园是2000多年前开始建筑的神坛式建筑群，在此建筑群内出土过代表着中西方不同纹式的陶片和若干外圆内方的我国古钱币。它们的出土，证明我国货币曾通过丝绸之路被带到今天的塔什干所在地。

问：乌兹别克斯坦人把什么面食看得很神圣？

答：馕。这是乌兹别克斯坦人常吃的一种特殊的圆面包，类似我们的大发面。馕有两种，一种是发面的，表面撒了芝麻；另一种要厚一些，面粉里加了黄油和鸡蛋。馕是乌兹别克人不可或缺的食物，他们把馕看得很神圣，用餐开始时用手把馕撕碎，从不用刀切，也不把馕颠倒放，平面朝上。

问：白默数什么货币数到手抽筋？

答：苏姆。乌兹别克斯坦的货币为苏姆。苏姆面值最大的为1000，除此之外，苏姆还有面值为500、200、100、50的等。

第二天一大早，甘博士一行就钻进白默租来的车里，准备前往撒马尔罕。车后座上摆了几个大大的塑料桶，里面装满了汽油。

也太夸张了吧！有必要带着汽油上路吗？

乌兹别克斯坦到处都在闹油荒，这些汽油是我一大早排队，好不容易才抢到的。

戈丁和甘兰兰半信半疑地向窗外看去，只见沿途经过很多加油站，但好多加油站里却空无一车，挂着醒目的意为"油已售罄"的牌子，而极少数大型的加油站里则是等待加油的车队。

天哪！我们还是关掉车里的空调吧，这样可以节约点汽油。

16

还没进入撒马尔罕市中心，一座高大的清真寺就映入眼帘，寺门口写着两个巨大的出自《古兰经》的单词，意思分别为"伟大""唯一"。几人仰着脖子，凝视着这座光拱形大门就高达30多米的伟岸建筑。

哇，这是整个亚洲最大的建筑了吧？

"好眼力！据说，这是当年帖木儿的妻子送给帖木儿的礼物——比比-哈努母清真寺，为了庆祝他征战印度凯旋。"甘博士扭动着发酸的脖颈说，"帖木儿嫌它太矮，下令重建。后来，这座清真寺在一次地震中受损，虽经翻修，但没有完工。"

我们算是真正抵达乌兹别克斯坦了——不到撒马尔罕，就不算真正到过乌兹别克斯坦。

几人漫步街头，感受着这座中亚古城的魅力。撒马尔罕随处可见各种高大的古建筑，它们造型精巧，用材名贵，门窗和栏杆上雕刻着精致的图案和阿拉伯文字，墙壁上装饰着真金的壁画，其奢华程度令甘兰兰和白默目瞪口呆。

太……讲究了！太……奢侈了！

甘博士笑着拍拍白默的肩膀说："帖木儿攻占撒马尔罕后，将俘虏来的各地工匠和金银财宝都运到这里，打造他的梦想之都。"

随着飞天猫镜头闪烁，画面上出现了众多身怀绝技的工匠，他们被召集到撒马尔罕，竭力打造帖木儿的梦想之都。只见一栋栋美轮美奂的建筑拔地而起，曾经被成吉思汗夷为平地的撒马尔罕进入全盛时期，成为当时世界的中心。

帖木儿太伟大了！他就是我的超级偶像，我一定要去祭拜一下他。

我们现在就去帖木儿的陵墓看看。

撒马尔罕西南部，几人凝视着古里埃米尔——统治者的陵寝。

这里沉睡着帖木儿和他的后代们。

大家走入金碧辉煌的陵墓，只见大堂正中安放着一个长方形的石棺，它竟然是用一整块墨绿色的玉石打磨而成的。

帖木儿也太奢靡了！

甘博士摇摇头，说眼前的棺木并不是真棺木，因为根据伊斯兰教的教旨，一个人的真身无比神圣，绝对不能公开展览。

白默急切地追问道："那帖木儿真正的安睡地在哪里？"

甘博士摆摆手，示意大家保持安静。他带着大家悄悄绕到陵墓外的一个侧门，从那里进入地下室。

几人沿着幽暗而狭窄的阶梯到了一个墓穴，帖木儿的石棺就被安放那里。

真想看看这不可一世的家伙长什么样子……

嘘……别乱说话！难道你从来没听说过帖木儿的诅咒？

诅咒？

戈丁好奇地打量着那些他看不懂的文字，迫不及待地让飞天猫翻译。

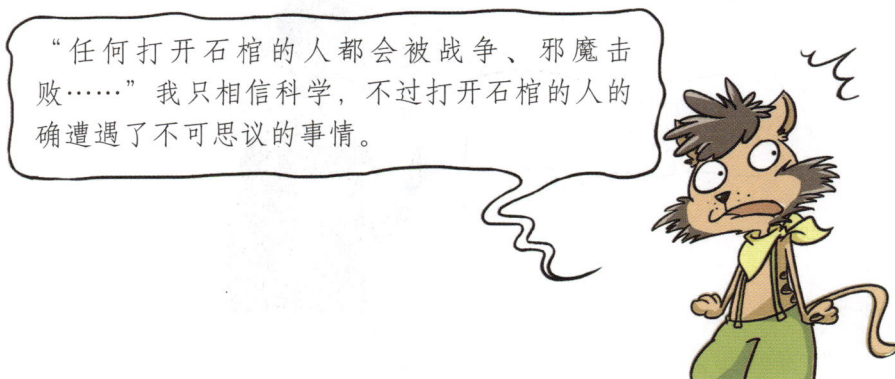

"任何打开石棺的人都会被战争、邪魔击败……"我只相信科学，不过打开石棺的人的确遭遇了不可思议的事情。

戈丁听得汗毛倒竖，小声说："我想帖木儿比较喜欢安静……我们赶紧撤退吧！"

白默也冷汗直冒。"偶像，我想我们还是不见面比较好！"他边说边和大家快速退了回来。

白默和戈丁惊魂未定，走到雷吉斯坦广场的时候，又被眼前的场景彻底惊呆了。古老而辽阔的广场上，威严耸立着三座气势宏伟的经学院，它们在阳光下光芒四射。

不愧是东方罗马，太美了！

我听说帖木儿有个最宠爱的孙子叫兀鲁伯，他不爱江山爱科学，也建造了一所经学院。

甘博士指指广场西侧的兀鲁伯经学院，说那就是颇具传奇色彩的兀鲁伯建造的，他对科学的热爱达到近乎痴狂的程度，还修建了一座天文台。

经学院周围到处都是吆喝声，白默没一会儿就买了一大堆东西——颇负盛名的撒马尔罕手织地毯、陶瓷托盘，还有个雕着帖木儿头像的烟斗……

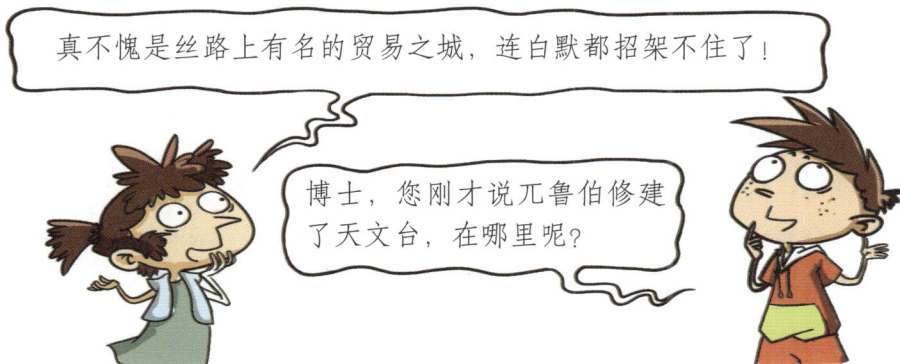

真不愧是丝路上有名的贸易之城，连白默都招架不住了！

博士，您刚才说兀鲁伯修建了天文台，在哪里呢？

在撒马尔罕东北郊外的兀鲁伯天文台遗址上，矗立着一台巨大的六分仪。

甘博士告诉戈丁他们，帖木儿的孙子兀鲁伯当年就是用这个自制的神器，测出一年的时间为365天零4个多小时。

真了不起！竟然与现代科学计算出的结果相差无几。

这里曾经是伊斯兰世界最好的天文台，可惜现在只剩下这台六分仪了。

随着飞天猫身形一闪，一座三层的圆形建筑出现在几人眼前。最吸引人的，莫过于镶嵌在天花板上的1000多颗璀璨的恒星。

"这是世界上少有的测定恒星位置较准确的方位图之一。"甘博士满脸惋惜地说，"可惜1449年兀鲁伯被谋杀，天文台惨遭破坏……"

甘兰兰唏嘘不已，说道："一代奇才惨遭毒手……叔叔，当年玄奘看到的飒秣建国就在现在的撒马尔罕吗？"

甘博士加快了脚步，对甘兰兰他们说："跟我来。"

距离撒马尔罕北几千米的地方，是一大片高低起伏的荒丘，看起来一片荒芜。

这里就是玄奘当年所见到的繁华无比的飒秣建国所在地——阿弗拉西雅卜古城。

什么?! 博士，你确定没搞错？这落差也太大了！

甘兰兰怅然若失地说："我实在无法把眼前这片废墟和当年无尽繁华的地方联系起来。"

甘博士指着不远处一道深沟说："你们看，那是古城的东华门，当时正对着东方。"

看来我国对飒秣建国的繁荣起到了不容忽视的作用。

丝绸之路的贸易往来的确对沿途古国的繁荣功不可没，而沿着丝绸之路来到这里的玄奘则使佛教在飒秣建国传播开来。

在古城的一处断壁残垣上，四人看到一幅精美的壁画。虽然有些地方已经剥落，但仍然能够看出壁画描绘的是撒马尔罕在粟特人统治下的繁荣景象。

撒马尔罕原来是粟特人的天下。

甘兰兰在一个地方停住脚步说："这些土的颜色看起来跟周围的有差别，颜色偏深，为什么会这样呢？"

甘博士轻轻叹了口气说："当初成吉思汗的大军攻打伊斯兰寺庙时，为了逼迫躲在里面的人出来，残忍地纵火焚烧了寺庙……"

甘兰兰和戈丁一齐惊呼起来，与此同时，他俩听到正在不远处的白默发出更加凄厉的叫声。

"你的叫声太吓人了！"戈丁心有余悸地拍着胸口说，"到底什么东西让你怕成这样？"

我挖出了好多……人骨头！

这些可能是阿弗拉西雅卜被成吉思汗屠城时留下的百姓尸骨。

飒秣建国

　　1000多年前盛唐高僧玄奘在《大唐西域记》中记载：飒秣建国拥有的宝物很多，土地肥沃，树林茂盛，花果品种丰富，且好马很多。

　　让人神往的飒秣建国所在地——阿弗拉西雅卜就是撒马尔罕的旧址。在阿拉伯古籍中，撒马尔罕被称为"璀璨的东方之珠"，可与古罗马、古雅典和古巴比伦相媲美。

　　"撒马尔罕"寓意为"富庶之地"，由于融合了我国、印度、波斯、突厥等国的古文明，这座位于丝绸之路西段的中亚古城变得无比神秘。

　　撒马尔罕在我国的古籍中有几个名字：根据《史记·大宛列传》的记载，张骞出使西域时抵达的康居（后又被称为"康国"）指的就是撒马尔罕；玄奘在《大唐西域记》里称其为"飒秣建国"。

"东方罗马" 撒马尔罕

　　丝绸之路开通之后，撒马尔罕成为东西方交会的中心，被誉为"东方罗马"。撒马尔罕古城的东门叫东华门，来自长安的丝绸从东门进入撒马尔罕，最终被运往古罗马。考古学者在位于撒马尔罕的丝路遗址上发现了很多壁画，壁画上有盛装的唐朝使者和身着来自我国的绫罗绸缎的贵族们一起畅饮的场面。

　　古丝绸之路途经生命禁地荒原和沙漠，行走在这条路上的商旅除了要应对大自然的未知危险，还要时刻提防贼寇。在帖木儿统治时期，在帖木儿帝国境内，经过丝绸之路的商队空前平安。如果有人胆敢在帖木儿帝国境内抢劫，不仅要受到军队的征讨，还得向商队双倍返还被劫财物，并缴纳五倍于财物价值的罚金到国库。

　　这样一来，强盗们叫苦不迭，争先恐后地改邪归正，摇身一变成了护送商队的保镖。

　　这样的大环境使得帖木儿时期从我国到撒马尔罕的商队规模不断壮大。

从拜火教主宰到全民信奉佛教

撒马尔罕是中亚最富传奇色彩的城市，也是较古老的城市之一。玄奘抵达这里时，丝绸之路上最活跃的人——粟特人就居住在此，他们不仅坐拥丝绸之路的交通要地，而且能制作精美的手工艺品。而玄奘给这个城市增加了浓墨重彩的一笔——让佛教在此得到传播。

生活在这座古丝绸之路上的著名城市中的居民最初信奉拜火教，一看到僧侣就拿火把驱赶他们。玄奘和其徒弟抵达飒秣建国时，他的两个徒弟受到围攻，差点儿丢了性命。

玄奘凭借其过人的智慧和胆识，向飒秣建国的国王宣扬佛法。国王越听越高兴，对玄奘由最初的怠慢转为敬重，下令要砍掉用火驱逐玄奘徒弟的人的双手。以慈悲为怀的玄奘极力劝阻，这件事传开后，飒秣建国的百姓对玄奘肃然起敬，渐渐改为信奉佛法。

问： 甘博士等人在撒马尔罕被哪里的建筑惊呆了？

答： 雷吉斯坦广场。那里的建筑群由三座神学院组成：左侧是兀鲁伯神学院，正中是季里雅-卡利神学院，右侧是希尔-多尔神学院。这三座神学院气势宏伟、金碧辉煌，被誉为中亚建筑的皇冠。其中的兀鲁伯经学院正门镶满天蓝色的星星，代表兀鲁伯最钟爱的天文学。

问： 帖木儿的诅咒到底是怎么回事？

答： 帖木儿的墓穴内有一些铭文，意思是："任何打开石棺的人都会被战争、邪魔击败……"凑巧的是，曾经触碰过他棺木的人确实发生过不可思议的事情。比如1941年苏联的考古学家曾经打开帖木儿的墓穴，验视帖木儿的遗骸。结果第二天希特勒就向苏联发动了大规模的进攻。

这个巧合一传十，十传百，使很多人认为是帖木儿的诅咒生效了。

四人离开撒马尔罕，驱车行进到距离布哈拉大约60千米的地方时，甘博士突然指着路边一座建筑喊了起来。

快看，是马力克！它是乌兹别克斯坦境内保存得较好的古丝路驿站。

白默猛地踩下刹车，把毫无防备的戈丁晃得晕头转向。戈丁不满地说："白默，你……"

对不起，我太激动了！我们今晚就住这里吧！

白默、戈丁和甘兰兰是第一次住在丝绸之路沿线的驿站里，兴奋得无以言表。甘博士说这里出土过很多来自我国的钱币和陶瓷。

驿站外面有一个清澈见底的水塘，它的四周用砖头围砌，防止风沙污染水源。

整座驿站分为三部分，大门右侧是马和骆驼休息的地方，左侧是用来堆放货物的仓库。往里走是澡堂和贸易区，来往于丝绸之路上的客商不仅可以在这里洗去一路风尘，还可以进行交易。而驿站的最里面，就是供商旅住宿的客房了。

清晨时分，四人抵达布哈拉。时间尚早，集市上却早已熙熙攘攘。

甘博士率先跳下车门，兴奋地说："我们到目的地——'活化石'布哈拉了。"

白默也兴奋不已："好热闹啊！"

甘博士神秘地压低声音对白默说："知道《天方夜谭》里的《阿里巴巴和四十大盗》吗？这个故事就发生在这里。"

什么?!

白默，你至于激动成这样吗？

还有啊，阿凡提的故事也发生在这里，那边还有一尊他的巨大铜像呢。

智慧与正义并存的偶像阿凡提，我来了！

白默和戈丁一起欢呼着朝阿凡提铜像扑去，甘兰兰的目光却落在一座高耸入云的宣礼塔上。它是布哈拉最高的建筑，无论站在哪个角落，都会第一眼看到它。

甘兰兰自言自语："至少有40米高吧！"

甘博士努努嘴说："它是布哈拉的标志性建筑——卡梁宣礼塔，确实有40多米高。"

站在卡梁清真寺门前的四人正仰视着巍峨的宣礼塔。这座塔的塔身每个装饰带的图案都不同，不过都精美异常。

> 塔顶的灯塔会在夜间不停息地照明，指引着来自草原和沙漠的商队。

　　四人随后走进卡梁清真寺的回廊，打量着那座由280多个双层顶壳的楼顶组成的主体建筑。

> 太恢宏了！这座清真寺足可以容纳一万人吧？

> 不止吧，也许能容纳的人更多。

　　戈丁挠挠头说："好看是好看，只是在撒马尔罕看过一些有伊斯兰风格的建筑后，我感觉这个没那么震撼了……布哈拉有没有特别点儿的建筑？"
　　甘博士说："特别点儿的可不止一处……我们先去老城区看看。"

甘博士带领大家在布哈拉老城的居民区穿行。老城区的房屋不高，但街巷纵横，人在其间穿行仿佛进入了迷宫。更奇特的是，临街的一面都是厚实的墙壁，上面不开窗户。

我还是第一次看到这么古怪的房子。

你懂什么，这样的建筑才易守难攻呢！

这些桑树得有几百年了吧？

有几百年了有什么问题吗？桑葚酸甜可口，是我的最爱。

这一路走来，我发现中亚好多地方都种植着桑树，难道……

　　戈丁求助般地看向甘博士。甘博士拍拍戈丁的肩膀，告诉他伴随着丝绸之路的繁荣，中亚、欧洲等国家的贵族们对来自我国的丝绸的需求量日益增大，拥有丝绸制品已经成为他们的身份象征。

　　甘博士说："就这样，我国的种桑养蚕技术渐渐地被引入亚洲其他国家，甚至被传到欧洲一些国家。"

戈丁忍不住紧张起来，问："那他们生产出跟我国一模一样的丝绸了吗？"

甘博士摇摇头回答："哪有那么容易？中亚各国、波斯的水土和我国的有很大区别，蚕吐出的丝比较硬，无法织成轻薄光滑的丝绸。"

那为什么他们还要种桑树？

不能织丝绸可以织别的，比如地毯。

布哈拉的一家手工地毯作坊里，女工们在织机前专注地忙碌着。完成1平方米的地毯，需要2到3名女工合织两个月左右。

白默听得直咂舌，说："需要这么久？"

甘兰兰最感兴趣的是传统染色工艺。那些鲜艳的永不褪色的色彩用各种植物的天然色素染成，比如用石榴皮染出深深浅浅的红，用核桃皮染出黄色和棕色。

我最喜欢这里具有伊斯兰风情的蓝色地毯了。

甘博士欣赏着一块织好的地毯说："虽然这里养的蚕吐出的丝只能用来织地毯，但因为造型精美，很快成为罗马人的新宠。"

这才是特别的东西……博士，刚才听您的意思，布哈拉内特别的东西好像不止这些。

当然不止这些。走，去看看古城墙！

四人朝着布哈拉的古城墙走去。沿途随处可见保存完好的经学院和清真寺，戈丁忙着统计它们的总数，总是数着数着就乱了，只好从头再来。直到飞天猫自告奋勇来帮忙，戈丁才如释重负地松了口气。

998、999、1000……这座城市竟然有上千座清真寺。

哈哈，这座城市绝对值得一看！

在布哈拉西南部的古城墙前，四人正参观一座保存完整的城门。城门两侧是高大的守望塔，而绵延几千米的古城墙则高达10余米。

这些城墙建于中世纪，当年共有11座砖砌的城门……如今只剩下这一座保存完好的了。布哈拉入夜后城门深锁，深夜抵达的商旅要在城外过夜。

难怪布哈拉被称为活化石……喂，白默，你去哪里？

白默几个箭步蹿到一座城堡跟前，激动地挥舞着手臂喊："芝麻开门！芝麻开门！"

"你真把这里当作四十大盗藏宝的地方了？"甘兰兰被白默的样子逗得捧腹大笑。

甘博士也笑着说："那座城堡是阿尔卡禁城，以前是布哈拉的统治者执政的地方，是中亚著名的古城堡。"

阿尔卡禁城里，厚厚的两重城墙充分展示着城堡曾经的威严。飞天猫缓缓打开全息影像，画面上出现了城堡里的宫殿、清真寺、手工作坊、马厩、武器库、国库，甚至还有一座造纸厂。

真是应有尽有！

国库里到处都是黄金，刺得我眼睛都花了。

布哈拉是当时世界上最富有的城市，所以国库充盈理所当然。

此时画面一转，出现了阿尔卡禁城门外熙熙攘攘的集市。

戈丁瞪大眼睛说："咦，这是什么市场？怎么没有什么货物？"

甘博士解释道："这个市场是人们用来进行货币兑换的。"

白默再次大呼小叫起来："天哪，用来兑换货币的市场！那布哈拉当年得有多少来自不同国家的商人哪！"

在阿尔卡禁城外的大巴扎上，甘兰兰爱不释手地抚摸着商贩们叫卖的地毯，有种穿越回丝绸之路集市的恍惚感。一路走来，他们发现丝绸之路上中亚其他城市的集市早已经成为遗迹，而在布哈拉，这些有着数百年历史的大巴扎依然热闹非凡。

白默无法抵挡如此丰富的商品的诱惑，又买了一大堆东西。

在撒马尔罕你就大买一通，现在更是毫无节制……

再这样买下去，我们连吃饭的钱都没了。

白默尴尬地垂下脑袋说："可是他们实在是太热情了……就连跟你们一样大的小孩，都会伶牙俐齿地跟人讨价还价。"

甘博士大笑着说："布哈拉的人继承了他们的祖先经商的天赋，真有当年粟特人的风范呢！"

中亚古城布哈拉

"伊斯兰穹顶""中亚麦加""智慧的布哈拉"……这些都是人们对布哈拉的别称。

布哈拉在梵文中意为"修道院",现存大约140座古代建筑和历史遗迹,包括清真寺、陵墓、神学院和市场。这些匠心独具的建筑使布哈拉弥漫着浓厚的伊斯兰教色彩,还有人把它称作"中亚建筑博物馆之城"呢。

位于阿姆河支流上的布哈拉是座绿洲之城,也是古代丝绸之路的必经之地,前面提到的"安国"指的就是它。9世纪时布哈拉曾是萨曼王朝的首都,当时这座古城就已经有2000多年的历史了。

布哈拉是古丝绸之路的主要集散地之一,同时具备防御功能。它分为城堡区、城市建筑区和商栈区三大部分。

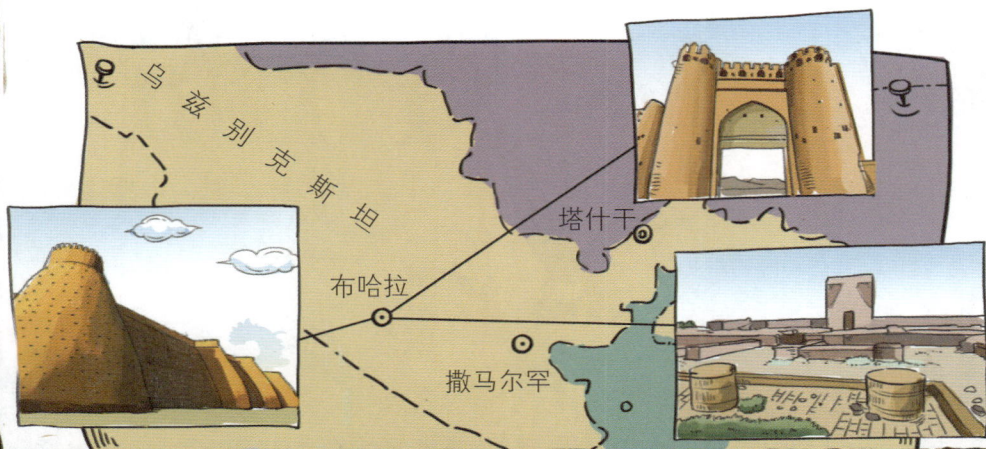

乌兹别克斯坦

塔什干

布哈拉

撒马尔罕

民间艺术形象的代表之一阿凡提

头戴一顶帽子、背朝前脸朝后骑着一头小毛驴、时而机智时而愚钝、笑声极富特色的阿凡提形象深入人心，家喻户晓，是世界上民间艺术形象杰出的代表之一。

阿凡提出身贫寒，学识渊博。据说，他很早就开始学习《古兰经》，后来还慢慢学会了翻译用阿拉伯语写的书。

由于穷苦百姓饱受种种欺压，生活在水深火热之中，阿凡提对此深恶痛绝，于是勇敢地站出来与权贵做斗争。他才思敏捷，说话幽默，他的故事从中亚逐渐传遍全世界。

阿凡提是确有其人，还是只是一个流传广泛的虚构人物，对此人们众说纷纭。史学家们经过数百年的研究与考证，认为他是真实存在的，大概生活在12到13世纪。

免遭毁坏的卡梁宣礼塔

成吉思汗曾经血洗中亚，高耸的卡梁宣礼塔为什么能幸免于难？

原来，蒙古大军兵临城下时，布哈拉人选择了开门投降，这才免遭悲惨的屠城命运。但蒙古骑兵的破坏能力可是出了名的，他们在布哈拉也毫不客气，准备一如既往地充分"享受"破坏的快感。成吉思汗率领大军趾高气扬地进入布哈拉城后，第一眼就看到了因镶嵌着彩釉瓷砖而在阳光下熠熠生辉的卡梁宣礼塔。

他正要下令毁坏这座塔时，突然刮来一阵风，吹落了他的帽子。成吉思汗弯腰拾取时，自我解嘲说，既然连他都要对着这座宣礼塔鞠躬，那么这一定是天意。尤其当他得知这座宣礼塔顶部的灯塔会在夜间提供照明，指引丝绸之路上的商队穿越茫茫草原和大漠，为布哈拉带来无穷的财富时，他更加坚定了自己的想法。

于是，卡梁宣礼塔奇迹般地逃过了一劫。

问：白默在阿尔卡禁城外的哪里大买特买？

答：大巴扎。丝绸之路沿途的城市设有很多固定的集市，被称为巴扎。来自世界各地的不同国籍的商人在巴扎上交换货物，附近的驿站设有储存货物的仓库、客栈和澡堂，而巴扎上则配备着翻译、货币兑换人员、管骆驼的、收税的……

问：布哈拉是什么故事的发源地？

答：《天方夜谭》里的《阿里巴巴和四十大盗》，还有被视为民族智者、用智慧和幽默为百姓伸张正义的阿凡提的故事都发源于这里。《阿里巴巴和四十大盗》的故事大意是：一贫如洗的樵夫阿里巴巴砍柴时无意中发现了强盗们的藏宝地，于是他轻而易举地得到了大批财富。强盗们为了免除后患，三番五次设计谋害阿里巴巴。在机智的女仆帮助下，阿里巴巴化险为夷，并最终战胜了强盗。

在布哈拉住了一夜，恢复了体力后，四人接着前往希瓦古城。

走到希瓦城下的时候，白默还在不甘心地嘀咕，说自己从来没听说过希瓦古城，有什么值得看的。

在中亚有句古谚语："我愿出一袋黄金，但求看一眼希瓦。"

出一袋黄金只为了看上一眼？这毕竟是古谚语了，不管希瓦当年多么迷人，今天也早就成了断壁残垣吧。

白默，你不是自称武侠迷吗？竟然不知道希瓦城？

连我都知道，《射雕英雄传》里郭靖帮助铁木真攻打的就是这座古城。

什么?!

甘博士一行走进有着高大围墙的希瓦古城，一大片有浓郁阿拉伯风情的建筑映入眼帘。

高大的宣礼塔在阳光的映射下闪烁着蓝色的光芒，古城中高高低低的塔楼蓝白相间、古朴庄重，偶尔有几名身着伊斯兰服饰的虔诚的祈祷者经过，然后很快消失在转角处。

一路走过丝绸之路，看到的几乎都是废墟和遗址，在乌兹别克斯坦的布哈拉和希瓦接连看到保存如此完好的古代建筑群，四人仿佛穿越时空隧道，来到曾经盛况空前的丝绸之路一带。

我是不是在做梦？不行，我得掐一下，看看疼不疼！

哎哟……有没有搞错！白默你为什么掐我的胳膊，不掐你自己的？

原来我看到的都是真的，不是在做梦……

甘博士笑着摇摇头，指着前面被誉为中亚最高的宣礼塔的伊斯拉姆·霍贾让大家看。

这座塔高耸入云，要不要攀登到塔顶一览美景？

要上你们上，我可不想累得上气不接下气的。

四人在古城里继续前行，当他们走到希瓦著名的古迹——伊钦·卡拉内城时，震惊之情无以言表。古代所建的90多座清真寺和60多座经学院静静耸立着，浓郁的中亚气息扑面而来，让人叹为观止。

看得我目不暇接，宛如来到故事里描述的阿拉伯童话世界。

"希瓦不愧是露天博物馆！"甘博士也无限感慨地说，"这些建筑不仅美丽，而且能抵御沙漠夏季的酷热，还能抵挡骤然来临的寒冬。"

　　走进希瓦可汗的王宫时，四人忍不住屏住了呼吸。王宫宛如一座奇特的碉堡，沙黄色的宫墙内是宏伟的殿堂，蓝色的马赛克精美绝伦，用珍稀木材雕刻的精美梁柱古朴而华丽。最奇特的是，整座宫殿竟然没有一扇窗户。

太奢华了！《天方夜谭》里描述的官殿也不过如此。

　　几人随后来到朱玛清真寺，马上被林立的木柱吸引住了。这些木柱造型独特，每一根上都有精雕细刻的木雕，美不胜收。

这座中亚最古老的清真寺总计有200多根这样的木柱，每一根都价值连城。

戈丁吵嚷着要从高处俯瞰希瓦城的全貌，于是几人爬上高达10多米的古老城墙，欣赏着希瓦城的风光。

　　整座古城犹如一座露天博物馆。古城内古建筑很多，都具有伊斯兰风格，在光与影中闪烁着光芒。

难怪希瓦被称为"千顶之城"，好壮观！

　　距离希瓦城几百米的地方全是漫天的黄沙——那里是被称为黑沙漠的卡拉库姆。希瓦是商旅们进入卡拉库姆沙漠之前的最后一个补给站，丝绸之路上过往的商旅们在这里稍作停留，然后就要进入随时可能丧生的无边沙漠了。

我们像当年的商人一样，穿越黑沙漠如何？

你是不是疯了？！

"有什么不同？"戈丁愁眉苦脸地盯着地面说，"咦，好像它们长得比别的地方的茂盛些。"

甘博士欣慰地夸奖他们二人观察得很细致。这些茂盛的灌木生长的地方，就是昔日丝绸之路上的商旅们行进的路线。商队的骆驼与马经过黑沙漠时排出的粪便，使丝路一带的土地变得肥沃起来，那里的植物得到滋养，长得比其他地方的茂盛得多。

希瓦是花剌子模的一部分，曾经的花剌子模王国最主要的遗址现在到底在哪里？

甘博士向远方的地平线看去，告诉白默他们，越过被称为黑色沙漠的卡拉库姆，渡过阿姆河，就是红色沙漠克孜勒库姆了。而在红色沙漠深处，绵延几百千米的范围内，已经先后有1000多个花剌子模王国的城堡遗址出土。

几百千米?!

甘博士用力点点头说："这是20世纪重要的考古发现之一。"

原来，花剌子模主要城市遗址的具体位置在哪儿一直是个谜，直到1940年才被苏联的考古学家发现。而在此之前，曾经盛极一时的花剌子模王国已经在风沙深处掩埋了几千年。困扰考古学界许久的谜团终于被解开，花剌子模这个强盛的帝国终于被世人揭开了神秘的面纱。

伴随着虚拟影像的开启，四人眼前出现了一片城堡。城堡虽然只剩下残垣断壁，却依然气势雄伟，展示着当年的花剌子模王国登峰造极的建筑技巧。

城堡坚固的外墙与内墙之间，只留一条狭窄的通道。甘博士讲解说，那里时刻有士兵把守，防止外敌入侵。

白默连声赞叹："设计得太合理、太完美了！真是一夫当关，万夫莫开！"

那又如何？花剌子模还不是被成吉思汗给灭掉了！

哼，跟你没办法好好聊天！

叔叔，我们接下来去哪里？

铁门关，那可是中亚通往西亚的咽喉。

甘博士摇摇头。乌兹别克斯坦至少有两个山口叫作铁门关，而玄奘当年记载的"铁门"早已经无迹可循。

第二天，位于乌兹别克斯坦最南端的泰尔梅兹出现了甘博士等几人的身影。农田中矗立着一座废弃的佛塔，据说这座佛塔当年用100多万块土坯筑成。如今它虽然已经风化得很严重，但依然能够清楚地看见里边的土砖。

泰尔梅兹？我想起来了，是贵霜王朝的佛教中心之一。

的确如此。贵霜王朝统治时期，佛教由印度经过阿富汗传到泰尔梅兹。而玄奘时期，它的名字是怛满国。

几千米外就是阿富汗的领土了。叔叔，我们是不是从这里去阿富汗？

甘博士笑而不答，只是加快了步伐。

"太阳之国" 希瓦

　　希瓦古城位于乌兹别克斯坦阿姆河下游的希瓦绿洲上，处于乌兹别克斯坦西南边界。这座美丽的绿洲之城被誉为"中亚的明珠"和"太阳之国"。中亚流量最大的阿姆河的滋养造就了这座古城的繁荣。

　　希瓦古城建立于4世纪，是丝绸之路上的商队穿越黑沙漠之前的最后一个驿站，也是中亚通往伏尔加河的咽喉。络绎不绝的商人从伏尔加河地区、印度和伊朗集中到希瓦，从这里前往中东和我国。

　　希瓦因为战争先后被毁过40多次，每次都因为它在丝绸之路上不可取代的位置而迅速复兴。

露天博物馆

希瓦4世纪时是花剌子模国（唐朝时称其为"火寻国"）的领土，16世纪时为希瓦汗国的都城。因为阿姆河的供水不能满足其生产、生活用水需求，花剌子模国曾于16世纪中叶迁都到希瓦古城。

被誉为"露天博物馆"的希瓦分为两部分，其中的伊钦·卡拉内城是伊斯兰建筑特色最集中的体现，1990年被列入世界遗产，是中亚五国中最早被认定的一处，重要性由此可见一斑。

伊钦·卡拉内城中的宫殿、清真寺、礼拜殿、宣礼塔、经学院等历史古迹保存良好，它们主要是16世纪初的希瓦汗国留下来的建筑。

希瓦古城外就是卡拉库姆沙漠，它的面积约为35万平方千米，是中亚大沙漠之一。

怛满国

　　走出铁门之后，玄奘来到东靠葱岭、西连波斯的怛满国。根据玄奘的记载，怛满国就是坐落在乌兹别克斯坦最南部的城市泰尔梅兹。它位于乌兹别克斯坦和阿富汗交界的地方，横穿其中的是中亚流量最大的河流阿姆河。怛满国只是一个小国，却有十几座寺庙和1000多名僧人。大月氏曾经在这里建立延续了长达三个多世纪的贵霜帝国。

　　泰尔梅兹现在保留着规模很大的佛寺遗址，考古人员曾在这里挖掘出了一尊著名的佛陀雕像，此雕像笑容柔美，神态安详。

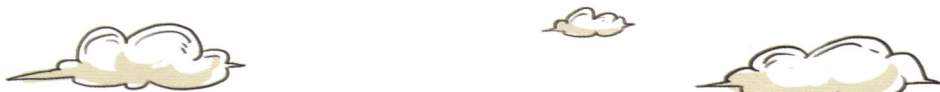

问： 白默说哪里是中亚通往西亚的咽喉？

答： 铁门关。据载，玄奘在山中走了几百里后进入铁门关——中亚最著名的关口。铁门关两边山峰陡峭，大门依山而设，门上镶铁，铸铁为铃，自古以来就是兵家必争之地，亚历山大东征时就是通过这里进入中亚。但如今没有人知道铁门关的准确位置。

问： 泰尔梅兹曾被哪一国家管辖？

答： 大夏国。公元前128年，远在玄奘抵达之前，在泰尔梅兹所处的大夏国出现了第一个踏上这片土地的我国人张骞的身影。本来居住在河西走廊的月氏一族被匈奴强迫迁徙到遥远的大夏。汉武帝时，张骞一路西行，希望寻找到月氏人，劝他们与汉朝联合抗击匈奴，却被匈奴关押了约10年之久。侥幸从匈奴逃脱的张骞终于在阿姆河边找到了月氏人，一条贯穿东西的丝绸之路的大道渐渐形成。

第 五 章

大宛天马

星期日的早晨，甘博士一行人的身影出现在费尔干纳盆地上。

恰逢一周一次的墟期，沿途的很多城镇都很热闹。甘兰兰好奇地张望着随处可见的桑树和蚕丝，戈丁则费解地看着甘博士。

我们的钱被白默在布哈拉的巴扎上花得所剩无几，博士您竟然还要带他来赶集？

白默感动地看着甘博士，双手激动得颤抖起来。

甘博士笑呵呵地说："你们想到哪里去了！我先带你们去看样东西，你们就知道我们此行的目的了。"

在一座山的半山腰，甘博士静静仰视着位于山顶岩石上的天马壁画。费尔干纳盆地总计有三幅天马壁画出土，其中以甘博士他们正在看的这幅最为清楚和完整。壁画上的天马腿部修长，头部细小，颈部修长而优美。

白默突然大叫起来："博士，您带我们来这儿莫非是为了找寻汉武帝朝思暮想的天马？"

甘博士耸耸肩说："没错，天马的产地大宛就位于费尔干纳盆地上。"

看，天马的前面还画了一只跪着的梅花鹿呢。

是的，那是献给天马的祭品。

就算是天马，也不用画得这么高吧！

甘博士意味深长地看着白默说："这里的人把天马视为神明，向它祈求五谷丰登。"

白默眼睛一亮，对着天马的方向虔诚地鞠起躬来，嘴里念念有词。

天马天马保佑我，学业有成，彩票中奖。天马天马保佑我，每天睡到自然醒，数钱数到手抽筋……不，苏姆除外。

戈丁和甘兰兰看着白默的样子，忍不住哈哈大笑起来。

当位于锡尔河的一片废墟映入眼帘的时候，甘博士变得激动起来，迫不及待地跑了过去。

这里就是当年大宛国的首都贵山城。

既然这里盛产天马，说不定我们会有意外收获……

当年大宛国的天马都集中在贰师城里，也就是现在位于吉尔吉斯斯坦的奥什城。

什么?!

戈丁顽皮地模仿白默的样子说："你到底是来考古还是来偷马的？"

白默尴尬地整整衣领。甘博士打趣说，贵山城位于富庶的费尔干纳盆地中央，全盛时期城里的人口超过40万，所以说不定他们在废墟中会有意外发现。

叔叔，我记得史书中说大宛国有几十个城池，它们都在贵山城附近吗？

甘博士正仔细查看着遗址上设计精巧的城池，头也不抬地回答说："考古学家如今只挖掘出了大宛国很少的一部分城池，其余依然掩埋在黄沙之下。"

　　戈丁对着一个看起来像管道的洞穴好奇地张望着，向甘兰兰询问这个洞的用途。

　　戈丁一头雾水地看向已经启动的飞天猫，只见画面上出现了漫天飞扬的尘土——那是李广利奉汉武帝之命，率领数万士兵千里迢迢前往大宛求马。

　　画面一转，李广利兵临贵山城下，连续进攻40余日，却毫无进展。

　　画面再次一转，出现的是焦头烂额的李广利无意中看到贵山城上的水道的情景，只见他急中生智，派人去切断贵山城的水源……万般无奈的大宛城臣民割下国王的头颅，恭恭敬敬地献上上千匹汗血宝马。

　　白默直勾勾地盯着定格在画面上的汗血宝马说："宝马就是宝马，长得太潇洒了，跑起来更是快得像闪电。要是我能拥有一匹天马，那就……"

　　白默正憧憬着，甘博士却给他泼冷水，说当年让汉武帝朝思暮想的天马早已经不知所踪。

四人从费尔干纳盆地进入塔吉克斯坦境内的苦盏。

戈丁一听说他们到了塔吉克斯坦，就好奇地问："塔吉克斯坦？我怎么没听说过？"

甘兰兰说："它可是名副其实的高山之国，而苦盏就是当年大宛国王护送张骞抵达的大月氏所在地。"

苦盏不仅是进出费尔干纳盆地的关口，也是东西方的交会点。

四人漫步于苦盏街头，发现这座当年著名的中亚古城虽是塔吉克斯坦的第二大城市，可惜城里的遗迹已经所剩无几。

他们正感觉遗憾，忽然发现一座高大的城堡。

考古博物馆？对我们了解苦盏一定大有帮助。

进去看看。

考古博物馆里最醒目的位置镶嵌着一幅幅巨大的石头壁画，描述着亚历山大大帝从出生、婚娶、征战到入殓等的人生重要时刻。

原来苦盏曾经是波斯帝国的国土。

亚历山大军队的铁蹄横扫了整个波斯帝国，并延伸到这里。

出了考古博物馆，四人被中亚规模最大的集市之一班沙姆别巴扎所吸引。集市上人声鼎沸，依稀可见当年丝绸之路上人头攒动的盛况。

从这里前往片治肯特的路况非常不好，我们得抓紧了。

车子行驶在塔吉克斯坦的崇山峻岭间，随处可见怪石嶙峋的山峰和深不可测的山涧。显得如此渺小的越野车在数不清的弯道上急转弯，吓得甘兰兰不停地尖叫。

你喊得我手心都冒汗了……真不知道当年的商队是怎么行进的。

等到抵达片治肯特古城时，戈丁被颠簸得都快吐了。甘兰兰也好不到哪里去，脸色蜡黄。

片治肯特古城已经残破不堪，不过依然能分辨出密集的店铺和客栈，有些房屋的院子大得足可以容下一整个商队。恢宏的宫殿和庙宇上，随处可见精美的壁画和活灵活现的灰泥雕塑，其中有一幅壁画长达十几米，格外醒目。

甘博士大喜过望地说："时隔多年，还能看到这么多壁画，真是难得！"

戈丁兴高采烈地举着一枚圆形方孔的铜钱跑了过来，请甘博士判断它是来自我国哪个朝代的货币。甘博士摇摇头，说那是粟特人模仿我国的铜币铸造的货币。

> 考古学家曾在这座古城里挖出了很多金币……白默，祝你好运！

> 等着瞧好儿吧！

半个小时以后，白默捧着一个小盒子，从废墟里跑了出来，边跑边喊："挖到了，我挖到了！"

"你运气太好了！"戈丁羡慕地盯着盒子，"快打开看看里面到底装了多少枚金币。"

白默大气也不敢出，小心翼翼地打开盒子，一尊破损严重的印度湿婆像映入眼帘，依稀可以看出神像脚上的靴子被改成粟特人穿的样式。

> 为什么不是金币？！

> 这对研究粟特人和印度佛教的关系会大有帮助。

粟特古城

片治肯特是丝绸之路上最重要的考古遗址之一，5世纪由粟特人建立，遗址内发掘有城堡、庙宇、住宅、墓地等遗物。城内建有金碧辉煌的宫殿、气势恢宏的贵族宅邸，还有庄严肃穆的祆教神庙。这些建筑上装饰着很多壁画，大幅的长达十几米。这些壁画题材广泛，涉及宗教、神话、日常生活等各个方面。

古城内还有很多灰泥雕塑，大多是人和海怪的造型，考古学家认为它们与当时粟特人崇拜神有关。

不管是壁画还是灰泥雕塑，它们的内容都反映出粟特与中亚城市以及我国、伊朗、印度等地的密切联系。从1947年开始，苏联的考古学家每年都会到粟特古城遗址进行挖掘。他们在古城遗址内找到了很多阿拉伯钱币、粟特钱币，以及大量的金银器、陶器和手工艺品，这些对研究粟特以及粟特与周围地区的关系具有重要意义。

由汗血宝马引发的战争

汉武帝对张骞提及的大宛天马念念不忘，于公元前104年派使臣携带厚礼前往大宛国的贰师城，想换取天马，可惜双方无法达成共识，使臣也惨遭杀害。

汉武帝得到消息后大为震怒，于公元前103年命大将军李广利率兵征讨大宛，可李广利大军因初战不利退到大宛国东部。

汉武帝强力支援，于公元前102年派出数以万计的士兵、战马、骡子和骆驼等。李广利率领大军攻打大宛国都贵山几十天，却久攻不下。后来因为李广利派人切断了大宛的水源，才迫使无路可走的贵族们提着国王的首级开城门投降。

李广利扶持亲汉的贵族做了新国王，然后回到汉朝，并把大宛国奉上的上千匹天马也带回了汉朝。

这一战让汉朝威震西域，在后来的几十年中西域诸国都不敢轻举妄动，以至于后来出使西域的班超仅带几个人就能降伏一个国家。这跟发生在贵山城的汗血宝马之战有着密切的关系。

问： 甘博士他们抵达费尔干纳盆地的时候，正好赶上那里的什么日子？

答：墟期。墟期是指交易日、赶集日，每个地方各有不同。费尔干纳盆地位于乌兹别克斯坦、塔吉克斯坦和吉尔吉斯斯坦三国交界处，墟期每7天一次，固定在每个周日。

问： 甘博士一行离开粟特古城后去了哪里？

答：苦盏。它是塔吉克斯坦的第二大城市和中亚著名古城，曾是大月氏休养生息的地方，也是后来丝绸之路的重镇。波斯帝国崛起后，苦盏成为它北部边境的一部分。

接下来又是清一色的山路，等到甘博士一行终于风尘仆仆地抵达塔吉克斯坦的首都杜尚别时，一直高度紧张的甘博士终于松了口气。

白默，你开车的速度快得惊人，以后还是由我来吧。

天色已晚，几人到处寻找落脚的宾馆，一名塔吉克族的男子热情地给他们指了路。紧张加上颠簸，戈丁早就大汗淋漓，下意识地伸手摘下了帽子。刚才还热情洋溢的塔吉克人突然脸色一变，透出掩饰不住的敌意。

戈丁，快把帽子戴上！

我的帽子有什么问题吗？

甘兰兰眼明手快，把帽子戴回戈丁头上，对面的塔吉克人神情也随即松弛下来。

甘兰兰对着戈丁耳语："塔吉克人非常忌讳说话的时候脱帽，对着他们脱帽对他们来说是种侮辱。"

戈丁冷汗直冒地说："我差点儿闯祸！"

第二天清晨，杜尚别的国家博物馆刚刚开馆，甘博士一行就气喘吁吁地赶到了。一尊长十几米、神态安详的卧佛首先映入他们的眼帘，工作人员卡季洛讲解说，这尊卧佛出土于塔吉克斯坦南部一处佛寺遗址。

卡季洛说："佛教自印度沿着丝绸之路东传，而中国的信徒也沿着丝绸之路前往印度求学。这尊卧佛只是证据之一。"

甘兰兰目不转睛地盯着一个纯金打造的饰品，那上面有两条栩栩如生的飞龙，带着鲜明的东方印记。

想不到你对黄金的迷恋程度比我还深。

我想她感兴趣的是通过丝绸之路传入我们塔吉克斯坦的龙图腾。

几人离开博物馆后，前往索莫尼广场。

广场上，一张用瓷砖铺设的丝绸之路的路线图格外醒目。戈丁在那张地图上转来转去，不时发出惊叹声。白默也饶有趣味地盯着地图，同时感觉有道金光在不远处闪烁。

怎么老感觉附近有黄金？难道是我出现了幻觉？

白默，你对黄金的敏锐程度，简直可以与警犬媲美。

有这么夸人的吗？等等……博士，您的意思是附近真的有黄金？

甘博士没有正面回答，而是伸手指向前方耸立的一尊雕塑。

白默兴奋地跑了过去，仔细打量着精美宏伟的雕塑。昨晚为他们指路的那名塔吉克族男子竟然也来到了广场，热情地跟他们打着招呼。

他是我们的民族之父——伊斯梅尔·索莫尼，广场就是以他的名字命名的。

民族之父？难道他是塔吉克民族的缔造者？

塔吉克男子的眼睛闪闪发亮，叽里咕噜说了一大堆，语速快得连做翻译的飞天猫都跟不上了。不过看他那眉飞色舞的样子，就知道他有多崇拜索莫尼了。

其实你对索莫尼应该不会太陌生。还记得萨曼王朝吗？索莫尼就是萨曼王朝的国王。

千真万确，我对他一点儿也不陌生——因为他右手高举的权杖是用纯金打造的。

还没等飞天猫翻译，那名塔吉克族男子误以为白默对自己的民族之父很敬仰，于是开心地扑了上去，紧紧抱住白默。正打算想办法靠近黄金权杖的白默丝毫动弹不得，急得哇哇大叫。

戈丁和甘兰兰看了这场面，捧腹大笑。

好不容易挣脱出来的白默狼狈地整理着衣服，目光落在距离雕塑不远的旗杆上。

这旗杆绝对是我见过的最高的。塔吉克斯坦不是比较贫穷的国家吗？

这根1100多米高的旗杆是世界上最高的旗杆，已经列入吉尼斯世界纪录。

离开了索莫尼广场，四人在杜尚别信步游逛，在一条幽静的街道上发现了一家乐器博物馆。博物馆规模不大，却包罗万象，有伊朗鼓、土耳其琴、来自我国的二胡和葫芦丝……

看来不同国度的艺术，也沿着这条古丝路流传开来。

吉萨尔古城的拱门外，出现了甘博士一行的身影。他们在杜尚别市内休息一晚后，精神好多了，正兴致盎然地观赏着吉萨尔古堡，吸引他们目光的，首先是在这座古堡的大门两旁伫立着的两座圆柱形塔楼，再仔细一看，塔楼上还有供防御用的射击孔呢。

四人在安静的古城里漫步，发现了很多保存完好的古建筑：要塞、驿站、宗教学校、大广场、清真寺……

张骞曾经到达这里，受到了吉萨尔居民热情的款待。

叔叔，我一直觉得杜尚别这个名字好特别，它有什么特别的含义吗？

杜尚别来自波斯语，意思是"星期一"。

我更想知道的是，接下来我们要去哪里？

阿富汗北部边境巴尔赫省的马扎里沙里夫城西约20千米处，出现了几个行色匆匆的身影，是甘博士他们。甘博士和白默热烈地谈论着丝绸之路西段的路线。

葱岭以西都算是丝绸之路的西段，路途遥远，经过诸多国家和地域，所以途中又分出若干条支线，主要为北、中、南三条主线，分别与中段的北、中、南三线对应。而这些支线也是分而又合，合而又分。

甘博士接着说："阿富汗是丝绸之路从中亚进入南亚和西亚的十字路口……兰兰，你怎么了？"

甘兰兰伤感地吸吸鼻子，朝着祖国的方向遥遥相望。

"有些想家了……叔叔，我们不去瓦罕走廊吗？那里连接着阿富汗和我国。"

我也想家了……可是兰兰，你别忘了，我们沿着丝绸之路走一遍的梦想还没完成呢。

是啊兰兰，我们得继续西行。

当到达曾是大月氏国国都的蓝氏城遗址时，甘兰兰先前低落的情绪一扫而光。她兴奋地捋捋刘海，猜测说："这个遗址里的建筑颇有希腊风情，难道最初是希腊人建立的？"

公元前500年，这里就有村庄了。公元前330年这里被亚历山大大帝率兵占领，成为中亚著名的奴隶制古国巴克特里亚王国（我国隋朝时称之为大夏）的国都。

我知道大夏，原来这里也曾经是它的国都。

大月氏征服了大夏，并在此定都。考古学家为了找到这里，可谓大费周章。

看到三人殷切的眼神，甘博士娓娓道来。他说："考古学家为了找寻神秘的蓝氏城绞尽脑汁，却连蛛丝马迹也没查到，这个曾经的世界上最富裕的地方仿佛从地球上凭空消失了。"

"有的学者甚至猜测，历史记载中的隶属于亚历山大帝国、拥有'城池千座'的古巴克特里亚王国根本不曾存在。"甘博士接着说。

后来呢？

"就在考古学家们准备放弃的时候，他们发现在巴尔赫省一个盗卖文物的集市上，陆续出现充满浓郁古希腊风情的小古董，而它们就来自古巴克特里亚王国遗址。"甘博士笑着说。

后面的就很容易推断了：考古学家顺藤摸瓜，使蓝氏城从此揭开了神秘的面纱……

错！这座古城仍然在跟人们捉迷藏。而它重见天日，纯属偶然……

全息影像上，出现了一名法国考古学家的脸孔。他正惊讶地看着一家农舍的门槛——那门槛竟然是用货真价实的古希腊石雕做的。

而接下来的景象，更是让这名考古学家大跌眼镜：被那家农舍的农夫用来支撑屋顶的柱子，竟然是古希腊时期的。

"高山之国" 塔吉克斯坦

　　塔吉克斯坦全称塔吉克斯坦共和国，是中亚五国中面积最小、经济也最落后的一个。除此之外，它还是中亚五国中唯一一个主体民族不是突厥族的国家——居民主要是塔吉克族人，此外还有塔塔尔族人、俄罗斯族人和乌克兰族人。居民主要信奉伊斯兰教。

　　塔吉克斯坦西部和北部分别与乌兹别克斯坦和吉尔吉斯斯坦接壤，东接我国，南接阿富汗。境内山地和高原占据90%以上，其中一半海拔在3000米以上，是名副其实的高山之国。

　　古丝绸之路穿过塔吉克斯坦的多个古城，所以塔吉克斯坦被誉为古丝绸之路上的一颗明珠。

关于"塔吉克民族之父"索莫尼

杜尚别最著名的广场名为索莫尼，是为了纪念伊斯梅尔·索莫尼而建的。早在公元前6世纪，古波斯阿赫美尼德王朝的疆域就拓展到了中亚。此后，随着亚历山大军队的铁蹄直抵锡尔河畔，波斯北部边界延伸到今天塔吉克斯坦的第二大城市——胡占德。

之后阿拉伯人、鞑靼人也先后抵达，但对塔吉克斯坦影响最为深远的，非9世纪波斯人建立的萨曼王朝莫属。在萨曼王朝首个国王索莫尼统治时期，波斯的语言和文化全面复兴，伊斯兰教取代拜火教，形成塔吉克斯坦独特的波斯-伊斯兰文化。

塔吉克族人因此视萨曼王朝为他们的第一个国家，萨曼王朝的伟大国王索莫尼自然就被尊称为"塔吉克民族之父"，此外，塔吉克斯坦的货币也以索莫尼命名。

第七章

巴米扬的哭泣

就要离开蓝氏城了，大家有些恋恋不舍地看着这座城市。他们打算接下来前往阿富汗中部的兴都库什山区，搜寻巴米扬石窟的踪迹。

白默还没从刚才的震撼里回过神来，大声说道："天哪，连考古学家都没发现的古城，竟然被当地的农夫发现，并拆除断壁残垣用于建自家农舍！"

甘博士也无限唏嘘地说，因为考古学家用一大堆食物和药品做诱饵，才打动了农舍主人带他们到了拆除古希腊石柱的所在地，最终解开了蓝氏古城具体位置之谜。

用药品而不是用钱诱惑农夫？好奇怪！

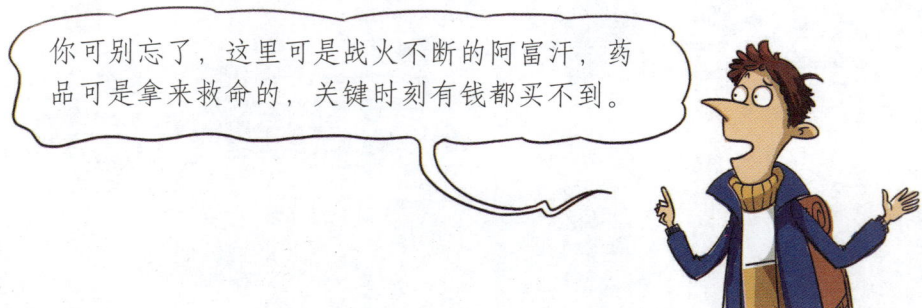

你可别忘了，这里可是战火不断的阿富汗，药品可是拿来救命的，关键时刻有钱都买不到。

戈丁吐吐舌头，小心地环顾着四周，唯恐突然冒出恐怖分子似的。他那如临大敌的样子，搞得甘兰兰也忍不住紧张起来。

甘兰兰小声提议道："土库曼斯坦我们还没去，不过马扎里沙里夫距离它的边境不远，不如……"

你们女生就是胆小，不是想通过瓦罕走廊回去，就是想放弃阿富汗而改道去土库曼斯坦……

我提议去土库曼斯坦，因为它也是丝绸之路上的重要国家。你说是不是，叔叔？

丝绸之路西段路途遥远，我们不可能每个地方都去……天黑之前我们要赶到巴米扬。

第二天上午，休整了一夜的四人出现在距离巴米扬不远的兴都库什山的河谷中。抬头远望，前方是一个石窟群，其中两个硕大的空洞格外惹人注意。

怎么会有两个空荡荡的石洞？

这是巴米扬永远无法愈合的伤痛。

这里曾经和我国的敦煌石窟、印度的阿旃陀石窟并称为佛教艺术最珍贵的遗产。在炮火连天的岁月里，塔利班却对巴米扬石窟野蛮而疯狂地轰炸了三天三夜，石洞中曾经矗立的两座大佛被炸得粉碎……

四人心情沉重地走到石窟前。空荡荡的洞窟显示着它曾经的庞大和气势，四周散落的零碎、古老的石头发出无声的哀鸣，倾诉着这里曾经发生过怎样的惨剧。

这些散落的石头曾经属于大佛的哪个部位人们已经很难判断，但它们和空空的石洞与被彻底熏黑的石壁一样，让人触目惊心。

看到四人的样子，飞天猫忍不住悄悄启动了全息影像。大家眼前出现了一座穿红色袈裟、高50多米的大佛和穿蓝色袈裟、高近40米的大佛，它们分布在石窟的东西两侧，遥遥相望。

大佛的面容平静而安详，慈悲地俯瞰着众生。大佛的脚下是络绎不绝的商队，他们分别来自遥远的希腊、罗马、波斯、我国、印度……风尘仆仆的商旅们匍匐在大佛脚下，虔诚地祈祷，希望自己一路平安、生意亨通。

甘兰兰感叹地说："太美了……看到大佛的神情，我内心一下子宁静起来。"

白默则表示疑惑："这么大的佛像……真不知道古人是怎么雕刻出来的。"

对呀对呀，那时候没有起重机，也没有大吊车，却能雕刻出这么高大的佛像，太不可思议了！

甘博士的语调充满感情："它们是世界上最大的石雕立佛像，是人类创造力的经典之作——佛像是削岩雕刻而成的。"

白默不可思议地摇着头说："在坚硬的山岩上一点点雕刻出大佛？"

我怎么记得四川的乐山大佛比它们还要高……

乐山大佛是坐佛像，巴米扬大佛是立佛像。

全息影像上出现了巴米扬石窟上的众多小山洞，里面住着寺院的僧侣。僧侣们禅修之余，最喜欢和路过的商旅们兴味盎然地聊天，听各地趣闻，并根据这些趣闻，在自己居住的山洞里雕刻精美的壁画。

戈丁突然瞪大眼睛问："那几个人怎么跑到大佛的头顶上了？他们是怎么爬上去的？"

当年这两尊佛像的两侧均有暗洞，人顺着暗洞而上，可以直达大佛上方的平台，上面可容纳百余人。

镜头一转，佛像前出现了我国高僧玄奘的身影。玄奘难掩喜悦之情，正洋洋洒洒地记录他眼中金光闪耀的大佛。

飞天猫静静关闭了全息影像，高大的佛像从几个人面前彻底消失了，周围顿时一片寂静。

可惜我们来晚了……

别说是跟大佛亲密接触，就是再看它们一眼也是痴心妄想。

心情沉重的四人一路无语，默默前往阿富汗的首都喀布尔。距离目的地只有几十千米的时候，甘博士打破了长久的沉默。

> 附近有座我国人发现的丝绸之路上的佛寺，里面出土的文物足可以填满阿富汗国家博物馆。

> 是夸大其词吧？要填满一座国家博物馆谈何容易！

> 耳听为虚，眼见为实，去看看就知道了。

　　在距离喀布尔不远的一处原野中，甘博士打量着周围荒芜的矿山，这里就是他们找寻的艾娜克千年古佛寺了。

　　这座佛教寺院当初是由我国的一个集团开采铜矿时无意中发现的，大部分已经出土。绘制着精美壁画的寺庙房间、姿态迥异的直立睡佛，还有只留存着腰部以下的立佛，都静静矗立在旷野之中。

寺庙中堆积的碎陶片上，有些是有我国特色的符号，有些是罗马人的头像。

这座佛教寺庙建于2000多年前，且处于古丝绸之路上，目前已经出土超过150尊珍贵的佛像。

丝路上出现寺庙不足为奇，可这座寺庙建在矿山中……为什么呢？

问得好！

甘博士对白默能提出这样的疑问大为赞赏，并示意飞天猫打开全息影像。全息影像上，出现了位于丝绸之路上的一个冶炼中心，人们在那儿采矿和冶炼。当时的阿富汗到处是茫茫荒原，匪盗出没频繁。于是商人们想在丝路上建一座寺庙，保佑他们旅途平安。而影像中的这片原野处于亚欧十字路口，是最理想的建寺庙的地方……

白默两眼放光，说："不如我们今晚就住在这里。"

朝阳初升的时候，在寺庙里留宿一夜的四人抵达喀布尔。街上到处是荷枪实弹的士兵，他们警惕地盯着来往的行人。

咦？那边那座城墙和城堡我好像在哪儿见过。

那是喀布尔的长城，当年为了抵御侵略者而建。

"想不到喀布尔也有长城。"白默兴高采烈地打量着位于山峰上的城墙说，"不过博士，您为什么是这种表情？"

甘博士叹息起来。他说，这座长城是6世纪由赞布拉克国王建立的，这个暴君把所有的成年男性都抓去修建长城，倘若有人反抗或者生病，就会被当场处死，而尸骨就砌入城墙之中……

甘兰兰听得毛骨悚然："啊?！"

巴米扬石窟

巴米扬石窟位于阿富汗喀布尔西北巴米扬城北兴都库什山区，开凿时间大致在3—7世纪。共有大小石窟约750个，近千个窟龛。石窟中绘有内容丰富、色彩鲜艳的壁画，主窟群左右两端的佛窟中各有一尊削崖雕成的巨大立佛像。佛像脸部和双手涂有金色，在阳光的映射下金光闪耀。由于位于古丝绸之路上，巴米扬石窟是古丝绸之路上连接中亚、西亚和印度的枢纽，希腊文明、罗马文明、印度文明、波斯文明和我国文明都在此会合。巴米扬佛教艺术逐渐改变了犍陀罗艺术的风格，形成了中亚独特的佛教艺术流派，即巴米扬艺术。它对我国新疆及内地一些石窟都有影响。

我国高僧晋代法显、唐代玄奘都曾瞻仰过巴米扬大佛的风采。

哭泣的佛像

千百年来，巴米扬石窟里的曾经给丝绸之路上的无数商旅带来安宁和希望的两尊大佛饱受劫难。苏联入侵时，佛像附近被埋下地雷。20世纪90年代中期，较大的佛像下竟然成为阿富汗一个武装派别堆放军火的地方。

1998年，巴米扬河谷一带被阿富汗非政府武装分子控制，他们不断对两尊佛像进行袭击，火箭炮击中了佛像的头部和部分肩部，大佛宁静、慈悲而安详的笑脸已模糊不清。

对巴米扬大佛更致命的伤害在2001年3月12日。之前非政府武装分子已经在佛像周围安放大量炸药。3月12日，伴随着连绵不断的巨响，庄严耸立了几千年的大佛轰然倒下……

巴米扬大佛被毁震惊了全世界，人类的文化遗产遭遇了无法弥补的损失。

问： 一直不见踪影的蓝氏城，是怎么重见天日的？

答： 在古城附近的一座房屋前，法国考古学家意外发现一家农舍的门槛竟是用古希腊石雕做的。而在农舍的后院中，古希腊的精美雕刻更是被随意用来垫脚、支撑屋顶。考古学家用食物和药品央求农舍的主人带他前往发现这些石雕的地方，终于找到了蓝氏城的遗址。

问： 玄奘在《大唐西域记》里是怎么形容巴米扬石窟的？

答： 唐代僧人玄奘在约630年时经过巴米扬，在《大唐西域记》中，玄奘称巴米扬是梵衍那国的都城，是兴盛的佛教中心。

四人沿着喀布尔的长城爬到位于喀布尔东南山顶上废弃的城堡上，俯瞰着喀布尔城。四周的山峰上挺立着古老的城墙，而巴拉·希萨尔城堡——喀布尔最古老的遗迹——早已是千疮百孔。

人们数不清她的屋顶上有多少轮皎洁的明月，也数不清她的墙壁之后那一千个灿烂的太阳……

白默，真没看出来你文采这么好！

不是文采好，是朗诵得好——这是赛义伯描写喀布尔的诗句。

当年的喀布尔一定很繁华，可是为什么我们眼前的它却一片荒芜？

甘博士朝飞天猫点点头，飞天猫启动全息影像，顿时，商家云集的喀布尔出现在几人眼前。清澈秀美的喀布尔河穿越整座古城，金碧辉煌的皇宫和清真寺的尖顶鳞次栉比，街道两旁小溪中的水欢快地流淌着。

　　来往的商旅们会聚到坐落在古丝绸之路中段的这个重镇，然后通过它四通八达的路线分散开来，有的向西前往欧洲，有的向南经白沙瓦进入印度……

白沙瓦属于巴基斯坦吧？

我以前去过。它是巴基斯坦最有民族特色的城市，距离阿富汗边境不远。

玄奘称它是花果繁茂的天府之国。在白沙瓦博物馆牌匾上有一句话，大意就是7世纪时玄奘在取经途中路过此地。

哇……可惜我们不打算走那段丝绸之路了……

95

此时全息影像上先后出现了几名帝王装扮的男子，他们都沉醉在喀布尔的繁华与美丽中。

原来喀布尔在阿富汗语中意为商贸之地。

甘兰兰目不转睛地盯着那几个男子看，其中最惹人注目的一个是印度国王的装扮，他竟然乐不思蜀，再也不想回归故乡，决定在喀布尔度过余生。

喀布尔也太有魅力了！这个印度国王装扮的家伙是谁？

是印度莫卧儿王朝的开国皇帝——巴卑尔。他临死前再三叮嘱后人，一定要把他安葬在这个他最钟爱的城市。

画面上，出现了一座梯田式花园，那里盛开的紫荆和紫丁香让人心旷神怡，那就是巴卑尔的陵墓。

"我们还等什么？现在就去看看他长眠的地方。"戈丁兴奋地提议，"我还没见过印度国王的陵墓呢。"

戈丁、甘兰兰和白默瞠目结舌地看着眼前残破不堪的建筑，简直不敢相信自己的眼睛：眼前这座真的是巴卑尔陵墓？

> 战争早已经让这座城市面目全非……

伴随着甘博士的讲述，戈丁、甘兰兰、白默仿佛亲眼目睹了喀布尔那些珍贵的遗迹轰然倒塌，博物馆里的近6000座佛像也灰飞烟灭。人们只能从极少数在战火中幸存的佛像和壁画中，追寻喀布尔在丝绸之路上曾经的繁华。

带着沉重的心情，四人离开了喀布尔，准备前往呼罗珊。白默的走路姿势变得很怪异，看得戈丁一愣一愣的。

> 白默你怎么了？脚气发作了？

> 你才脚气发作了呢！我这是为了防止踩到地雷——鬼才知道喀布尔还有没有没挖出的地雷。

位于阿富汗和伊朗边境的赫拉特古城里，处处可见充满伊斯兰风格的建筑。古朴的土墙和曲折的街巷中隧洞交错，使人宛如身处迷宫。

戈丁兴奋地在古城中玩起了捉迷藏，而白默则兴趣盎然地观看沿途的作坊。一些阿富汗居民正在里面熟练地煮茧和缫丝，为编织赫拉特式的丝织品做准备。这种手艺就是古阿富汗人向通过丝路上往来的工匠学习到的，并代代流传下来。

戈丁你小心点儿，要知道在赫拉特每跨一步，都会踢到一位艺术家。

什么?！难道这里曾经……太残忍了！

你想到哪里去了？我的意思是，这里曾经聚集了数不清的诗人和画家。

叔叔，这赫拉特就是我们要寻找的呼罗珊吗？

呼罗珊寓意日出之地，共包含四个郡，赫拉特是呼罗珊的中心城市，也是四郡之首。

"你们猜猜这座绿洲城市有多少年的历史了。"白默兴致勃勃地说。

甘兰兰猜测说有将近4000年，戈丁则说有将近3000年。

"我就知道你们猜不对！"白默开心地伸出五根手指说，"是5000多年。"

这么久?！白默，你怎么会对这里这么了解？

知识渊博、容貌帅气的我知道赫拉特的历史有什么稀奇吗？

白默刚才偷偷在我的资料库里查过……他还看到一幅关于明朝特使来访的细密画——一种来自波斯的精刻细画的小型画作。

我说呢……等等，飞天猫，你说明朝的大使曾经来过这里？

全息影像上，出现了一幅帖木儿帝国时期的精美画作，上面有几个明朝使臣形象的男子。

明朝使节就算是出使，也应该是去朝廷所在地，为什么会跑来赫拉特？

因为当时帖木儿帝国的首都就在赫拉特。

帖木儿死后，其第四子沙哈鲁执掌大权。为了更好地控制波斯，沙哈鲁迁都至赫拉特，并于1413年派使节到明朝进贡，同年明永乐皇帝派出了使团，出使帖木儿帝国。

明朝和帖木儿帝国通过遥远的丝绸之路，开始了频繁的贸易往来。1419年，沙哈鲁派出的使团可谓庞大，有几百人之多。

这里良田阡陌，物产丰饶。还记得长眠在喀布尔的那位印度莫卧儿王朝的开国皇帝巴卑尔吗？他曾经感慨，普天之下难以找到赫拉特这样的城市。

"巴卑尔对这里的感情比对印度还要深厚。"白默嘀咕道。

甘博士耸耸肩说："因为巴卑尔本来就是帖木儿的后人。"

听到甘博士这么说，戈丁、甘兰兰、白默几乎异口同声地说："啊?! 原来如此！"

甘博士有些神情凝重地说："丝绸之路没落后，赫拉特城里居民的生活也陷入窘迫。这里的人们为了谋生，甚至一度贩卖海洛因……"

贩卖毒品?! 曾经的日出之地竟然沦落为毒品中心？

好在这里的气候很适合藏红花生长，曾经大面积种植的罂粟早已被藏红花取代。

在赫拉特城堡的瞭望塔上，甘博士一行俯瞰着全城。这里视野开阔，风光无限。这座城堡是亚历山大攻陷赫拉特后修建的，后来在几经战火后得到修缮，又呈现出当年的雄姿。

"日出之地" 呼罗珊

"呼罗珊" 的意思是 "日出之地"。这里生活着以游牧为生的塞种人、突厥人等。呼罗珊共有四郡，其中赫拉特是呼罗珊的四郡之首和中心，自古以来就是通往波斯和中亚的门户，也是阿富汗境内的要塞。

明朝永乐帝朱棣曾遣使到过哈烈国，因此明朝时留下了使臣们所著的记述明朝时西域历史地理的书——《西域番国志》。在这本书里有这样的记载，当时，赫拉特聚集着数不清的诗人、学者和作细密画的画家。而沙哈鲁则数次派使节出使明朝，当时有位历史学家根据其中一名使团成员的日记撰写了《沙哈鲁遣使中国记》，这本书是记录中外关系史的名著之一。

位于山峦间的天堂——喀布尔

印度的一首古代歌曲赞颂喀布尔为"位于山峦间的天堂"，它的美丽曾让无数人赞叹。

马其顿的亚历山大皇帝和波斯帝王先后将这里当作穿越兴都库什山脉南下，进而征服印度的军事要道。

16世纪，莫卧儿帝国的开国君主巴卑尔率军侵略阿富汗，并占领了喀布尔。巴卑尔认为喀布尔是他一生中见过最美丽的地方，并从此留在这里生活。1773年，杜兰尼王朝统一阿富汗后定都于此。

由于历代统治者大兴土木，喀布尔城内外遍布众多宫殿、古塔、王陵和清真寺，如古尔军纳宫、迪尔库沙宫、萨达拉特宫、蔷薇宫、达尔阿曼宫等。

遗憾的是阿富汗战火不断，导致很多古迹惨遭破坏，如1919年为庆祝阿富汗独立而修建的凯旋门已经残破不堪。

问： 玄奘描述的"花果繁茂的天府之国"指的是哪里？

答： 巴基斯坦西北边境的白沙瓦。白沙瓦这个名字来自古梵文，意思是百花之城，自古以来就是南亚次大陆与中亚之间的贸易重镇。4—6世纪，来自我国的高僧法显和玄奘先后到过此地，而贵霜帝国迦腻色伽王曾建都于此，因为贵霜人崇尚佛教，白沙瓦一度成为佛教文化的中心之一。

问： 赫拉特曾经是哪里的都城？

答： 帖木儿帝国。帖木儿去世后，他的几个儿子为夺位发生内战，国家四分五裂。第四子沙哈鲁脱颖而出，很快再次统一全国，把都城从撒马尔罕迁到赫拉特，他调集来自波斯、印度和中亚各地的能工巧匠设计、建造赫拉特，使它成为一座可与撒马尔罕媲美的大都会。

四人跨越阿富汗的边境，抵达位于伊朗东北部的呼罗珊省。

商人们从这里穿越卡维尔沙漠可以直达伊朗古都伊斯法罕，这一路线被称为丝绸之路上的伊朗北路。

伊朗北路？难道还有伊朗南路？

甘博士点点头，目光落在路边一个废弃的客栈上。古老的波斯帝国为了保护丝路上往来商旅的安全，曾在国境内的沙漠地带建了多座客栈。而他们眼前的这座客栈建于12世纪，是当时伊朗境内最大的客栈。高耸的大门不仅显示了客栈当年的规模，而且可以帮路人抵御在沙漠里神出鬼没的盗匪的侵袭。

天色不早了，我们今晚就在这客栈里凑合一下，明天一早赶往马什哈德。

一进入呼罗珊省的省会马什哈德，甘博士一行就感觉到一种异样的气氛。清真寺上空飞扬着黑色的旗帜，街头到处都是游行的人群，他们身着黑衣，神情肃穆。有些男子则浑身上下沾满了淤泥，看不出肤色的脸上露出痛苦的表情。

今天是伊朗的什么节日，气氛怎么这么凝重？

是阿舒拉节，相当于我国的清明节。

这是一个全国性的节日，这一天伊朗全国上下都沉浸在悲伤中，悼念侯赛因。马什哈德人对这个节日尤为重视，因为伊斯兰教什叶派第八代领袖的墓地就在这里。

游行的人们用力拍打自己的胸脯，有的甚至抡起铁链子，敲打自己的后背，留下一道道触目惊心的血痕。

这些人怎么玩起自残来了？

他们一定很疼……

嘘……别乱说话！他们是用折磨自己身体的方式来缅怀他们的伟大人物侯赛因。

　　甘兰兰学着伊朗女生的样子，用过膝的深色外套和黑色头巾包裹住自己，跟随人流来到伊玛目礼萨圣陵——什叶派第八代领袖长眠之地。圣陵外的广场上，早就聚集了数不清的穆斯林教徒，他们虔诚而肃穆地亲吻着圣陵的外墙，很多人泪流满面。

　　白默惊讶地说："据我所知，他们的领袖侯赛因已经去世1000多年了，他们竟仍然如此隆重地悼念他。"

宗教的力量就是如此强大啊！

大家心情复杂地离开了马什哈德，沿着厄尔布尔士山继续前行，甘博士不时回头张望。丝绸之路西段的中线和南线在马什哈德会合，丝路上的商旅们在此做短暂停留，然后各自踏上自己的旅程。

甘博士扶住脚下一滑差点儿摔倒的戈丁，说有的部队就是通过这些山间小道进入伊朗的，比如成吉思汗的孙子旭烈兀率领的军队。

"我也看过！"戈丁眉飞色舞地说，"圣城里藏着能改变时间的宝物——时之刃。"

电影《基度山伯爵》中提到过山中老人，据说山中老人建造的城堡内管道里会流出美酒、蜂蜜和牛奶，还有，很多孩子被带到城堡里，最终被培训成冷血杀手……

甘博士边爬山边说："这些电影里所呈现的相关情节都与阿拉木特城堡有关，只不过被处理得具有魔幻色彩了。"

四人顺着年久失修的台阶，好不容易才爬上四面是悬崖绝壁的阿拉木特城堡。

好高啊！

阿拉木特在波斯语中的意思是"鹰巢"。

白默急切地拍着飞天猫的脑袋说："快，我要看山中老人！"

全息影像启动了，很快，画面上出现了神秘的山中老人的身影。他上山之后再也没有走出阿拉木特城堡，在里面一待就是30多年。

哇，好酷！

继哈桑之后，阿拉木特城堡又先后由八位教主掌权。他们派出去的杀手暗杀了不计其数的军官、穆斯林政要等，正因为如此，那些权贵一听到"阿拉木特"就不寒而栗。

固若金汤的阿拉木特后来为什么成了废墟？

还记得旭烈兀吗？就是他终结了这个令很多人闻风丧胆的刺客集团。

画面一转，出现了蒙古铁骑。旭烈兀志在必得，他带领部下困住阿拉木特城堡数月之久，最后设法占领了这个曾经令人闻风丧胆的暗杀基地。最终，阿拉木特所有的城堡都被捣毁，财宝被洗劫一空，城堡里的人无论老幼都被处死。

恋恋不舍地离开伊朗古都伊斯法罕著名的伊玛目·霍梅尼清真寺后，四人走进一个大巴扎，只见里面的银餐具、珐琅器和手工地毯数不胜数，让人目不暇接。

来自东方的丝绸、瓷器、茶叶和西方的金银器，被丝绸之路上来来往往的商旅们会集到伊斯法罕，让这个曾经的古都富甲天下。而随着我国养蚕和缫丝技术的传入，伊斯法罕也渐渐发展为波斯地毯的生产中心。

甘博士解释说："8世纪中叶，我国的造纸术和绘画艺术沿着丝绸之路传入伊朗，伊朗细密画这种绘画风格深受我国画风的影响。"

我心爱的唐三彩！不对，它们跟唐三彩像，又不像……

甘博士笑了，说："那是波斯三彩。唐三彩受到波斯金银器华丽风格的影响而诞生，而唐三彩又通过丝路返回西亚，受它的影响，伊斯兰世界诞生了璀璨的波斯三彩。"

除了伊朗，唐三彩还通过丝绸之路抵达了世界上的其他地方。

太有意思了！

伊玛目·霍梅尼清真寺

位于伊斯法罕伊玛目广场南端的伊玛目·霍梅尼清真寺始建于1612年，因为极其庄严和华丽而被视为世界上伟大的建筑之一。

伊玛目·霍梅尼清真寺拥有伊斯法罕最大的双层拱顶，两层拱顶之间的层距高达十几米，镀着金银的近50米高的拱顶尖塔正对着伊斯兰教第一圣地麦加。清真寺内外镶嵌着精美的瓷砖，镀银的大门上用波斯文书写着优美的诗文。

清真寺里的七音殿更是奇妙无比，倘若你站在正对着拱顶的回音石上拍手，就可以听到七次回音。距离拱顶的中心越近，回音就越洪亮。正殿西面墙壁下有一块三角形浅绿色的大理石，它倒影的长度随着时间不断变换，正午时分就全部消失，是人们用来测算时间的日晷。七音殿和日晷代表了古波斯科学的杰出成就。

暗杀王国的覆灭

　　山中老人创建的阿萨辛派盘踞在海拔约3000米的阿拉木特城堡中，固若金汤。阿拔斯王朝先后有两任穆罕默德的继任者哈里发被暗杀，被暗杀的权贵更是不计其数，以至于当时的当政者从此不敢轻易露面。

　　暗杀王国里的人怎么也没料到有一天会迎来自己的末日。

　　1256年，成吉思汗的孙子旭烈兀带兵挺进波斯，建立了自己的伊儿汗国。一想到地盘里深藏着一个暗杀组织，旭烈兀就坐卧不安。他派兵围困阿拉木特城堡数月，却久攻不下。

　　旭烈兀派人安抚阿萨辛派，说只要他们投降，可以既往不咎。当时的阿萨辛派首领性情软弱，在他的带领下，阿拉木特的100多个城堡的首领相继投降。他们做梦也没有想到，等待自己的却是整个王国的覆灭——原来，旭烈兀承诺保他们的性命，只是权宜之计。

问：甘博士一行到马什哈德时，正赶上伊朗的什么节日？

答：阿舒拉节。它是伊朗最重要的节日，是为了纪念穆罕默德的外孙、第三任伊玛目侯赛因的遇难而设的。

侯赛因遇难的日子，对于什叶派穆斯林来说是历史上最大的蒙难日，即使是在1000多年后，伊朗举国上下依然会在阿舒拉节举行隆重的纪念活动。

问：马什哈德的哪座古迹是伊斯兰教什叶派第八代领袖的墓地？

答：伊玛目礼萨圣陵。它由陵墓、清真寺、经学院等组成，其中的墓冢大厅有金色的穹顶，墓冢则被纯金格子框架罩住。

第十章

卢特沙漠中的湖心岛

甘博士带领大家抵达位于伊朗东部的锡斯坦地区，进入卢特沙漠不久，他们就充分感受到了高温的威力。

> 怎么这么热？这伊朗南路一开始就这么难走，博士，我们还是放弃吧。

甘博士擦擦被汗水模糊的眼睛说："锡斯坦一带是丝绸之路伊朗南路的终点，沿这一带继续前行，我们会找到古波斯帝国的首都。"

甘兰兰摸摸一绺一绺紧贴在额头的刘海说："卢特沙漠是世界上最热的地方，马可·波罗曾经在他的游记里提到过。"

> 恭喜你们，你们正在体验世界之最。

> 这个世界之最，还是免……

> 湖！大湖！

> 戈丁，你是不是被热傻了？啊，真有个大湖！

湖边一个正在收割芦苇的中年男子好奇地直起身来，打量着眼前的"不速之客"，然后说道："我是阿克巴尔，欢迎来到赫尔曼德湖。"

甘博士友好地走上前去，借着飞天猫的翻译说道："阿克巴尔，能否请你送我们前往湖心岛？"

> 你们去那儿是为了看丝绸之路的遗址吧？

> 沙漠里出现了大湖，大湖中央有岛……怎么感觉像在做梦？

甘博士笑了，他说："那是库依哈迦岛，它在波斯语中寓意为'圣人之山'，是丝绸之路上的祆教圣地。"

几个人坐上阿克巴尔的用芦苇扎成的小艇，平稳地向湖心岛驶去。

坐在前端的甘兰兰好奇地打量着长约1米、宽约60厘米的芦苇艇，无意中看到坐在她身旁的白默在瑟瑟发抖。

你怎么了？

你就放心吧，扎芦苇艇可是我们的绝活儿，绝对不会沉下去的。

这个芦苇艇看起来也太单薄了……会不会沉了啊？

甘博士指着湖上与他们擦肩而过的芦苇艇问："那个是拉货物的吧？能用多久？"

"载人的可以用六个月，如果是拉货用，大约两个月就要废弃。"阿克巴尔说。

戈丁好奇地追问道："那你的这个芦苇艇用了多久？"

阿克巴尔憨厚地笑着，露出洁白的牙齿说："马上就到六个月了。"

"什么?！"白默的身体不受控制地哆嗦起来，脸色愈加惨白，一迭声地追问着赫尔曼德湖的水位。

这个湖的水位随着季节变化大涨大落，现在嘛……水还是很深的。

直到踏上湖心岛坚实的地面，一直提心吊胆的白默才放下心来。岛上的居民是巴鲁奇人，他们过着与世隔绝的生活，日出而作，日落而息。他们看到外人进来，显得格外高兴，围着甘博士一行人叽叽喳喳问个不停。

几个和戈丁身高相仿的男孩一边津津有味地嚼着嫩芦苇，一边跟在戈丁后面。

戈丁忍不住咽了口唾沫说："好吃吗？我能不能尝尝？"

一个年龄和甘兰兰差不多大小的女孩正在做晒干砖，她娴熟地从湖里挖来泥巴，放进框架里定型，然后在太阳下晾晒。

你的手好巧！

岛上的皇宫就是用这种砖建造的。

岛上竟然有皇宫？

在女孩的带领下，几个人钻进一座废弃的城堡。这座城堡虽然已经废弃多年，依然可以依稀看出往日的雄姿。街巷把城堡里的宫殿和民居阻隔开来。

城堡里皇宫的宫墙上随处可见充满希腊风情的壁画，可惜多年的风吹日晒雨淋已经让它们显得斑斑驳驳，甚至从墙上脱落。

> 甘博士，是谁决定建这座皇宫的？

> 萨卡族的国王。我们现在所处的地方曾经是繁荣的蓝宝石交易中心。

> 什么？！那我可要掘地三尺，一定要挖颗蓝宝石出来！

告别了用芦苇艇把他们送出来的阿克巴尔，四人继续西行。走了大约300千米的时候，沙漠里突然刮起了可怕的旋风，糟糕的是他们的指南针此时也出现了故障。

分不清东西南北的几人慌乱地寻找地方躲避，其间还踩到了裸露的白骨。

高僧法显曾经描述过，卢特沙漠的黄沙中不时有裸露的枯骨，那是丝路上的商旅的路标……难道我们要死在这里？

别说了！抓紧我，别走散了！

你们快看前面，那里有座高塔。

那是有900多年历史的指路塔，我们先进塔里躲躲，等旋风过去再说。

旋风过后，一行人沿着指路塔的方向继续西行。卢特沙漠果然是世界上最热的地方，地面温度竟然高达70多摄氏度。

　　此时一只动物敏捷地闪过，把毫无防备的戈丁吓了一大跳，原来是一只在沙漠中生活的蜥蜴。

这种动物竟然能在这么炎热的地方生存，真是生命的奇迹！

　　四人走着走着，发现一座古城遗址出现在面前。

　　古城的城墙里，城区依照地势被分为三部分：最外面的是居民区，中间的是军营，最里面、地势最高的地方则是古城统治者居住的地方。

　　在沙漠中突然看到一座如此恢宏的古城，四人都感到意外。

甘博士解释说："这是著名的巴姆古城，曾经是著名的丝绸生产中心。对了，建这座古城用的砖都是晒干的，没有经过任何烧制。"

啊？想不到晒干的砖竟然如此坚固！

我们终于抵达古波斯的都城了。

古波斯的都城是波斯波利斯，不是巴姆。

这巴姆古城已经如此恢宏，那波斯波利斯得是什么样的呀？

甘博士加快了脚步，边走边说："准备好你们的尖叫和欢呼吧！"

当一座美轮美奂的古城映入眼帘时，四人内心的震撼无以言表。他们几乎不敢相信自己的眼睛，以为眼前出现的是幻觉，或者是海市蜃楼。

建在山坡上的都城气势恢宏，宫殿全都建立在高达十几米的巨型平台之上，显得无比威严。

精美绝伦的双头石雕，巍然耸立的上百根石柱，恢宏威严的宫殿……这些无一不彰显着极致的奢华。

最让人惊叹的，莫过于那些栩栩如生的浮雕。无论是兽身人面像、双头鸟，还是神情各异的人物，这些浮雕无一不精致逼真、生动立体。

我的天哪！这也太壮观了吧！

除了壮观，我实在找不出其他合适的词来形容。

建这些建筑前后共用了70多年的时间，历经三个朝代才完成，它凝聚着整个古波斯帝国人的智慧。

126

世界上最热的地方——卢特沙漠

伊朗的卢特沙漠占地面积400多平方千米，被人们称作"烤熟的小麦"。卢特沙漠的地表被黑色的火山熔岩覆盖，特别容易吸收阳光中的热量，最高气温可以达70多摄氏度，是世界上最热的地方。

沙漠东部是地势较低的盐滩，中心地带是风化形成的沟壑，东南部则是辽阔的沙滩，上面遍布高耸的沙丘，最高处可达约300米。

《马可·波罗行纪》中这样描述卢特沙漠：放眼望去是一望无际的沙漠，没有水，即使偶尔有一些水也和没有差不多，因为这些水苦涩且奇咸无比，不能饮用。如果误饮一滴，会导致严重的腹泻。周围看不见民居，也没有野兽出没的痕迹——因为野兽们无法在此地猎食。

巴姆古城

巴姆古城地处丝绸之路的十字路口，曾经是著名的丝绸生产中心，距今已经有2000多年的历史。古城内所有的建筑都是用未经烧制的晒干砖和黏土、稻草等混合在一起搭建而成的，是全世界规模最大的泥砖建筑群。

根据资料记载，由于古城所在的环境非常干旱，方圆几十千米内只有黄土，找不到石头做材料，所以人们只好就地取材，充分利用自己的聪明才智修建了这座土坯结构的城堡。

全盛时期，巴姆城堡内有居民上万人。城堡核心地带有兵营、手工作坊和深挖到地下几十米深的水井，周边地带则有条不紊地安置着市场、400多所房屋和学校等。

在2003年的一场地震中，城堡里超过80%的珍贵建筑被毁。

波斯波利斯

波斯波利斯来自希腊语，意思是"波斯之都"。在古波斯帝国的鼎盛时期，为了充分显示帝国的财富和威力，古波斯历史上最让人景仰的帝王大流士一世于公元前522年下令修建波斯波利斯宫殿。其后由他的继任者接过了这个重任。这个城邦从开始建设到完工，历经三代帝王，实属罕见。

公元前330年，亚历山大大帝攻占了波斯波利斯。他调集上千匹骡马和几千头骆驼，把从皇宫里抢夺到的堆积如山的财宝运走，并下令烧毁了这座象征着波斯帝国繁荣的都城。

富丽堂皇的波斯波利斯被付之一炬，只留下一些石柱和石基。就这样，古代波斯帝国终结了，古希腊时代来临了。

问： 甘博士一行一路上遇到的本地居民是什么人？

答： 巴鲁奇人。他们是南亚和西亚地区的穆斯林民族之一，属于欧罗巴人种地中海类型，自称俾路支人，即游牧民族。巴鲁奇人大部分居住在巴基斯坦，还有一小部分居住在伊朗、阿富汗、印度等国境内。

问： 哪座古城彻底震撼了甘博士一行？

答： 波斯波利斯古城。波斯文明是埃及、巴比伦、我国和印度四大古国文明之外最为著名的文明，而波斯波利斯则是波斯帝国的国都，位于伊朗境内的设拉子东北，是寻找曾经繁盛无比的古波斯帝国绝世风采的好去处。

第十一章
波斯波利斯

四人沿着薛西斯之门进入波斯波利斯古城，感受着那里浓郁的异域风情。

　　甘兰兰对风格独特的双头马、双头牛和双头鸟产生了兴趣，甘博士告诉她，那是波斯独有的建筑风格。

哇，好多柱子！每根柱子都有20米高吧？

这里是当年大流士一世和薛西斯一世接受外臣觐见的大厅，又称百柱大殿。

　　"百柱大殿？太有气势了！估计那些来进贡的外臣一走进大厅，还没等见到大流士，就已经就心生敬畏了。"白默兴奋地说，"大流士一世父子真是好样的，他们一定伟岸不凡。"

那就是大流士一世和他的儿子薛西斯一世的雕像。

　　大殿台阶边的浮雕上雕刻着进贡者的画像，甘博士招手示意大家跟上。

　　"大流士一世和薛西斯一世缔造的阿契美尼德王朝让当时包括印度和埃及在内的20多个国家俯首称臣。这些浮雕记录的就是当时各国使者来朝贡的情景。"甘博士解释道。

想不到经历千年岁月侵蚀和大火的焚烧，这些浮雕依然栩栩如生。

快看看他们都进贡了些什么宝物。

　　各国使者服饰各异，不过都经过精心装扮，他们庄严而隆重地捧着宝物等待觐见波斯国王。白默搜肠刮肚，想根据服饰判断那些使者的来处。

其中头戴尖帽、造型很有个性的使节来自黑海附近，他们进贡的是雕工精美的金手镯。

哇，好大的金手镯呀！

甘兰兰惋惜地盯着地上一截有火烧痕迹的木头残段说："如此雄伟的宫殿，却在烈火中变成一座死城……实在太可惜了！"

飞天猫说："当年宫殿的天花板全是用黎巴嫩名贵的柏香木铺的……伴随着它们的轰然倒塌，古波斯帝国的历史也结束了。"

历史的车轮滚滚向前，朝代更迭不断，这样的事情在所难免。

此时已是日落时分，夕阳把四人的影子拉得很长很长。他们静静地站在笼罩着一层柔光的波斯波利斯古城中，久久不舍得离去。

阿契美尼德王朝

　　大流士一世和其儿子薛西斯一世统治时期的波斯被称为阿契美尼德王朝，也称波斯第一帝国。它不仅是古波斯地区第一个把版图扩张到中亚及西亚大部分地区的君主制帝国，也是第一个横跨亚非欧三洲的超级帝国。

　　象征着阿契美尼德辉煌文明的伟大城邦波斯波利斯是波斯国王举行新年庆典、接受属国贡品的地方。这座宫殿在当时可谓举全国之力而建。它采用来自巴比伦的砖块、黎巴嫩的柏香木，还有埃及的楠木和印度等地的象牙等材料修建而成。工匠们也来自东西方各地，他们共同修筑了波斯波利斯城。

古波斯文明的代名词

波斯波利斯几乎可以说是古波斯文明的代名词。大流士一世在位时命人完成了宫殿、宝库、百柱殿和三宫门等的建设，其余部分则是在其后两位君主统治期间逐渐建成的。大流士一世的儿子薛西斯一世统治时期，大部分波斯波利斯的建筑已经完工。

在波斯波利斯城中，百柱殿可以容纳10000人左右。大流士一世曾将大量货币和珍贵的文书埋在这座大殿的地下。大殿的阶梯上有大量浮雕，这些浮雕生动地刻画了不同着装的朝贡者列队前来波斯的场面。